DESVENDANDO O MISTÉRIO DA FÉ

CHARLES S. PRICE

DESVENDANDO O MISTÉRIO DA FÉ

Atos

Charles S., Price
  Desvendando o mistério da fé / Charles S. Price; [tradução de Catia Baker]. Curitiba, PR : Editora Atos, 2018.

  14 cm x 21 cm – 136 p.
  Título original: *The Real Faith*
  ISBN: 978-85-7607-166-2

  1. Fé e esperança.   I. Título.

  CDD: 234.2

Copyright© by Charles S. Price
Copyright©2018 por Editora Atos
Todos os direitos reservados

Coordenação editorial
Manoel Menezes

Capa
Leandro Schuques

Primeira edição
2018

Nenhuma parte deste livro pode ser reproduzida, arquivada ou transmitida por qualquer meio – eletrônico, mecânico, fotocópias, etc. – sem a devida permissão dos editores, podendo ser usada apenas para citações breves.

Publicado com a devida autorização e com todos os direitos reservados pela EDITORA ATOS LTDA.

www.editoraatos.com.br

Prefácio

Charles Price pastoreava uma grande igreja, sem sequer ser salvo, e nem acreditar que a bíblia era inspirada pelo Espírito Santo, e tão pouco que Deus fazia milagres nos dias atuais.

Um dia foi convidado a ir num evento sendo ministrado pela Aimeé Simple McPherson, sobre o batismo do Espírito Santo. No momento do apelo, ele foi à frente, e conheceu pela primeira vez Jesus como salvador pessoal. Alguns dias depois foi batizado no Espírito Santo, falou em línguas e ficou cheio do poder de Deus.

A partir dali ele voltou à sua igreja, e pregou sobre suas descobertas. Em seguida, mais de 1.000 membros também tiveram uma transformação pelo Espírito Santo, e começou um grande mover de Deus na sua cidade, em Lodi, na Califórnia.

Depois Charles Price começou a viajar, pregando cruzadas de milagres, com Deus testificando a Sua Palavra e pessoas sendo curadas e salvas aos milhares.

Ele comprou uma enorme tenda para que coubesse muitas pessoas nos seus eventos, e viajou por cidades que foram inteiras sacudidas pelo poder do Espírito Santo.

As curas e milagres que Deus realizava nos seus eventos eram tão incríveis que foram noticiadas em todo os Estados Unidos.

Este livro que você tem nas suas mãos é o resultado de uma revelação que Deus mostrou para ele através da Bíblia, que desvenda o mistério sobre o assunto *fé*.

Charles Price dizia que "Não é nossa fé em Deus, mas a fé de Deus em nós".

Eu, pessoalmente, amei esse livro, e recomendo que você leia fazendo anotações, pois tenho certeza que Deus irá revelar muito sobre a fé, e você verá a fé crescer na sua vida. Sei que vai ser profundamente impactado!

Gordon Lindsay, o fundador do *Christ for The Nations* em Dallas, Texas, disse o seguinte sobre o autor: O ministério do Dr. Charles Price é único na história de avivamentos e deve ser listado entre os grandes evangelistas como Wesley, Finney, e Moody, no seu impacto sobre a igreja!

Pr. Gary Haynes

Sumário

Prefácio _____ v
Capítulo 1 – A Quem Eu Confesso _____ 9
Nossa Dificuldade _____ 15
Capítulo 2 – Até Que Todas as Nossas Lutas Cessem _ 19
Então Jesus Falou _____ 23
O Verdadeiro Caminho _____ 25
A Visita do Mestre _____ 28
Somente Jesus _____ 30
Capítulo 3 – O Melhor Caminho _____ 35
Fé e Presunção _____ 39
A História de Müller _____ 42
Capítulo 4 – As Origens da Fé _____ 47
A Fé É a Vida _____ 51
O Ateu e Deus _____ 52
Uma Fé Viva _____ 56
Capítulo 5 – Força Para Seu Trabalho _____ 59
El Shaddai _____ 63
Quem? _____ 65
O Que Seríamos Sem Cristo? _____ 69
Capítulo 6 – As Suas Montanhas São Movidas ___ 73
Uma Impossibilidade _____ 77

A História da Professora _____ 80
Busque A Saúde, Não A Cura _____ 82

Capítulo 7 – Deus Quer Facilitar _____ **87**
As Perfeições De Deus _____ 91
O Pobre e o Rico _____ 93
Nossas Orações Respondidas _____ 97

Capítulo 8 – Fé Concedida _____ **99**
Um Perigo Escondido _____ 103
Que Modos de Homem _____ 107

Capítulo 9 – A Fé É um Dom _____ **111**
O Dom da Fé _____ 115
O Mestre Sabia _____ 116
Uma Manhã Feliz _____ 118
A Filha Do Sacerdote _____ 121

Capítulo 10 – A Fé É um Fruto _____ **125**
O Amor de Deus _____ 131
Alegria Que Vem das Montanhas _____ 132
Paz, Perfeita Paz _____ 134

Capítulo 1

A QUEM EU CONFESSO

Por anos eu desconfiei que algo estava errado. E foi o que descobri, pois creio de todo o meu coração que o próprio Espírito Santo descortinou diante dos meus olhos, desnorteados, uma visão de beleza extraordinária, e pela primeira vez vi a glória do Senhor se manifestando naquilo que chamamos de FÉ. Eu chamo a FÉ de GRAÇA, porque é exatamente isso que ela é. Na cegueira do coração e da mente, tiramos a fé do reino espiritual e, sem percebermos exatamente o que estamos fazendo, a colocamos no reino físico. Um exército de desejos e emoções leva a fé das câmaras do coração aos corredores frios e infrutíferos da mente.

Por que nossas orações não são respondidas? Por que há tantos doentes apesar do fato de ter sido feito para eles a chamada oração de fé? Por que nossas igrejas estão cheias de coxos e paralíticos, surdos e cegos, que sentados ouvem sermões sobre cura divina, sobre promessas baseadas na Palavra de Deus mostrando que Jesus cura?

Mais de uma vez voltei de reuniões com os gritos da vitória ecoando em meus ouvidos... mas fui para casa chorar, com o coração desapontado. As multidões gritando por causa de alguns que foram curados, mas eu estava chorando por causa daquelas pessoas que arrastaram seus corpos cansados e doentes de volta para suas casas, tão ruins como antes de chegarem ao culto.

Não havia bálsamo em Gileade? Não havia compaixão no coração do Homem com as marcas dos cravos nas mãos? Por que alguns foram curados de uma maneira tão milagrosa e outros dispensados, juntamente com um apelo para continuar crendo, e voltar mais tarde com o intuito de passar pelo esquema novamente?

Devemos enfrentar os fatos. Não é agradável ao Espírito Santo que descartemos a evidente discrepância entre teologia e experiência com um encolher de ombros, e nos recusemos a pedir luz e orientação sobre este problema tão importante. Somente a verdade pode nos libertar da escravidão do medo e da dúvida e dos desânimos que finalmente chegam ao final do caminho das decepções. A única maneira de obter a verdade é chegar em sinceridade e absoluta honestidade de coração e mente em Jesus. Nosso Senhor disse que Ele mesmo era a verdade e somente quando abrimos a porta do coração para Ele, podemos tornar possível as doces revelações que somente Sua presença pode trazer.

Então vou ser muito, muito franco; às vezes, talvez quase dolorosamente. Eu não posso espalhar meu coração sobre estas páginas e fazer de outra maneira, porque nunca antes em meu ministério como um escritor eu estive tão inquieto como estou agora. Esta gloriosa e maravilhosa verdade inundou minha alma até que ela me elevou em espírito às portas do mundo glorioso. Eu creio e oro para que, antes de terminar estes capítulos, você também veja os portões da graça se abrirem e seus pés caminhem pelos caminhos da fé até o lugar onde você encontrará seu Salvador no jardim da oração respondida.

No entanto, não venho como um dogmático vestindo as vestes da infalibilidade, nem como portador da caneta do sarcasmo mergulhada na tinta da crítica, mas sim como um filho grato a Deus, a quem o Espírito Santo tem dado luz, para mostrar um assunto que tem sido visto através de um vidro embaçado nos últimos anos. Mas agora, pelo amor daquele de quem parte toda boa dádiva e todo dom perfeito, lá de cima veio uma compreensão, de parte em parte, pelo menos, do significado real e genuíno daquela bela fé que Jesus não só falou, mas transmitiu aos homens quando Ele estava aqui na Terra.

A revelação respondeu as minhas perguntas. Resolveu meus problemas. Aprofundou meu amor pelo meu Senhor e fortaleceu minha entrega de coração e vida a Ele. Revolucionou o meu ministério de cura, porque revelou a absoluta inutilidade e impotência do *eu* à luz da necessidade da presença Dele e do amor, da graça e da fé de Jesus.

Então eu quero confessar que meu coração ficou pesaroso mesmo quando as multidões gritavam, cantavam e declaravam vitória. Eu podia ver os milagres... situações de cura através do toque da mão de Jesus, que eram manifestações de Seu poder sobrenatural. Eles permanecem até hoje como testemunhos inexpugnáveis do poder do Senhor. São fortalezas invencíveis no reino da experiência sobre o qual está voando a bandeira gloriosa da verdade.

Há milhares e milhares de curados que provam conclusivamente que Jesus é realmente o mesmo ontem, hoje e para sempre. Não devemos confiar na experiência para provar a Palavra, mas é muito gratificante quando podemos elevar nossas vozes em louvor com agradecimento pela oração respondida. Contudo, depois de alguns encontros voltei para casa com os rostos de pessoas suplicando gravadas em minha mente. Eu os vi fazer o melhor para se levantarem das cadeiras de rodas, mas apenas afundaram novamente em tristeza e decepção. Tenho ouvido gemidos, gritos e intercessões em torno de púlpitos, de alguns que permanecem dias comigo até que as cruzadas de milagres cheguem ao fim.

Em sua igreja há uma multidão de pessoas doentes e necessitadas. Eles amam o Senhor... eles são consagrados a Ele... no entanto, ainda parece não haver resposta à oração quando se trata de levantar os fardos físicos da vida. Ministros do evangelho, em conversas a sós, me contaram muitas vezes seus desânimos por causa de sua aparente incapacidade de exercer uma fé ativa em Deus. Se não fosse pelo fato de que de vez em quando alguma alma sofredora alcança e traz a glória para baixo, muitos desses ministros gostariam de fugir quando os pedidos de oração são enviados. Não que esses homens não sejam homens de Deus. Eles são. Eles são devotados à sua vocação e ao seu Senhor, mas ficam perplexos diante do que parece ser uma contradição entre palavra e experiência.

Não parece muito certo cantar "Jesus nunca falha", e então ver os enfermos saírem com suas dores e enfermidades e doenças depois dos cultos. Uma coisa é dispensar o enfermo com as palavras "só creia", mas outra coisa inteiramente diferente é afastar este fato do seu pensamento e do seu coração se você realmente é honesto diante deles e de Deus. Testemunhar a cura com base na fé ou na promessa antes de acontecer, geralmente é insensato e sempre imperdoável, a menos que haja muita fé. Mas mesmo que haja essa fé, é muito melhor ser capaz de testemunhar com duplicidade. Um testemunho com louvor e ação de graças, mas também, mostrando a própria manifestação física da cura.

Lembre-se que a fé do tamanho de um grão de mostarda vai fazer mais do que uma tonelada de vontade ou uma mente cheia de determinação. A fé genuína não pode se manifestar mais sem resultado do que o sol pode brilhar sem luz e calor. Sabendo disso, o que é que temos chamado de fé, porque a verdadeira fé nunca deixa de produzir resultados? Muitos dos queridos filhos de Deus não conseguiram ver a diferença entre fé e crença. Crer na cura é uma coisa, mas ter fé é algo completamente diferente.

É por isso que tantas pessoas necessitadas que creem vêm ao Senhor com base em Suas promessas na palavra, e tentam e tentam e tentam afirmar que estão curadas.

NOSSA DIFICULDADE

Nisso tem sido a nossa dificuldade: fizemos da fé uma condição da mente quando é uma graça divinamente comunicada ao coração. Temos errado em nossas atitudes por muitas vezes. Quando a luz dourada da grande graça e a verdade de Deus inundar nossos corações e mentes, quando, pelo poder abençoado do Espírito Santo contemplarmos as provisões de Seu amor, haverá um fim à nossa luta e nossa vida será envolta com as vestes de Sua paz. Então, chegaremos à conclusão de que só podemos receber a fé quando Ele a dá. Já não haverá a tentativa tola de lutar para acreditar. Em vez da tempestade na Galileia da vida haverá uma doce e bela calmaria.

Os discípulos poderiam ter se empenhado, com um frenesi emocional, em enfrentar com raiva a tempestade. Mas três pequenas palavras de Jesus e o vento logo caiu de um grito a um sussurro e o mar choramingou como uma criança faz nos braços de sua mãe, e então se acomoda para dormir. Três pequenas palavras de Jesus e os ventos e os mares lhe obedeceram. Um milhão de palavras dos discípulos com ordens e repreensões e a vontade de crer, contudo a tempestade teria rido dos seus rostos porque sabia que era maior do que eles. Três pequenas palavras de Jesus – um pequeno toque de Sua mão divina – e mais foi realizado no instante de um relâmpago que todas as nossas lutas e empreendimentos mentais poderiam funcionar em mil vidas. Deixamos as coisas tão difíceis quando Ele quer tornar tão fácil.

Como meu coração se abateu quando vi uma pobre alma carente lutando arduamente para exercer o que ela pensava ser fé, quando lá no fundo eu sabia que não era por aquele caminho. Além disso, eu sabia que a fé não operava nos processos ou nos resultados da maneira pela qual aquela pessoa tinha lutado tanto tempo em seu anseio de obtê-la. Mas era tão difícil dizer algo em um momento como aquele, pois significava a derrubada de sistemas e métodos estabelecidos. Significava a abolição de certas manifestações que há anos se associam desnecessariamente ao exercício da fé. Significava que, chegando ao fim do caminho do esforço honesto sem a coisa pela qual estávamos orando e tentávamos receber, seríamos forçados a chegar à conclusão de que havia algo errado em nossa atitude de alma e mente, ou então a vitória seria alcançada. Em que estamos errados? Por que há tantos que ficam confusos e perplexos no meio de suas próprias dúvidas, até que a dúvida entra e as portas silenciosamente se fecham, ao invés de dar lugar ao encontro com Jesus na região fértil do coração?

Acho que sei a resposta. Estou certo de que descobri onde está o erro. Posso ver agora onde tantos se perderam no caminho. A única coisa a fazer é pedir ao Espírito Santo que nos leve de volta à bifurcação na estrada onde, por causa da nossa cegueira, deixamos a trilha correta. Mais uma vez podemos caminhar sobre o estrada do Rei da graça e provar no coração e experiência de que a Palavra é verdadeira e que nosso Jesus nunca falha. Lembre-se disso: se houve desapontamento e fracasso, foi da nossa parte e não o fracasso daquele que hoje é nosso Advogado diante do trono do Pai.

Capítulo 2

ATÉ QUE TODAS AS NOSSAS LUTAS CESSEM

Um dos grandes fracassos é a nossa dificuldade em ver que a fé só pode ser recebida quando transmitida ao coração pelo próprio Deus. Ou você tem fé, ou você não tem. Você não pode fabricá-la... você não pode produzi-la. Você pode acreditar numa promessa e, ao mesmo tempo, não ter fé para se apropriar dela. Mas criamos o hábito de tentar nos apropriar por sermos conscientes, esquecendo que a fé é uma qualidade mental e que quando tentamos acreditar em uma experiência, estamos entrando num reino metafísico. Mas a fé é espiritual... calorosa, vital... e se torna pulsante em nossas vidas e irresistível quando é transmitida ao coração pelo Senhor. É com o coração que o homem crê para a justiça. A fé do coração abre a porta da comunicação entre nós e o Senhor.

Não é um fato que, para a maioria de nós, a concepção de Fé seja resultado de nossas lutas na tentativa de crer? Pode ser que, com todas as nossas dificuldades, chegamos finalmente ao lugar em que cremos; e então fomos desnorteados pelo fato de que não recebemos a coisa pela qual oramos. Devemos discernir que tal crença não é necessariamente o que a Palavra inspirada chama de fé. Em capítulos posteriores, vamos mostrar muitos textos das escrituras que provam além da sombra da dúvida a verdade desta declaração alarmante.

De acordo com a Palavra de Deus, tudo o que precisamos é fé como um grão de mostarda, e as coisas que o mundo chama de impossíveis serão realizadas. Quantas vezes durante as reuniões que realizamos vimos as histórias das escrituras de outrora decretadas novamente diante dos nossos olhos!

O capítulo dezessete de Mateus é um capítulo de contrastes. Ele sobe para as alturas, e então vai para as profundezas. Ele fala de sementes de mostarda e montanhas de desespero e transfiguração. E que lição o Espírito Santo trouxe a você e a mim sobre este grande tema da fé, através das palavras de Jesus. No topo da montanha da transfiguração veio o nosso bendito Senhor, abaixo dos portões do próprio céu, onde as brisas gloriosas beijavam Sua bochecha e os anjos envolviam ao redor de Seus ombros as vestes que tinham sido tecidas nos teares de luz. De um lugar de comunhão e encorajamento para o lugar da derrota humana e talvez desespero; pois ao pé da montanha da Glória havia um vale, e por ele serpenteava um rastro de perplexidade humana.

Havia uma doença lá. Um coração esmagado e sangrando estava lá. Um pai que tinha encontrado um obstáculo que o tinha esmagado em espírito e em coração estava lá. Pregadores estavam lá, também. Eles tinham usado as fórmulas. Eles repreenderam o diabo. Eles haviam gritado e gemido, como fizemos cem vezes, e mesmo assim as coisas pelas quais eles oraram nunca haviam acontecido.

ENTÃO JESUS FALOU

Então Jesus falou! Falou palavras gloriosas de onipotência! Palavras inigualáveis de autoridade divina! Com Ele não houve luta. Não houve nenhum gemido, e nenhuma batalha foi feroz e longa, para trazer a resposta para a oração de um pai quebrantado. Ele falou. O diabo fugiu. Um rapaz feliz, aconchegado nos braços de seu pai, soluçou sua gratidão a Deus. Um pai feliz abraçou seu menino e olhou com olhos lacrimejantes de amor e adoração na face do Homem diante do qual os demônios fugiram.

Então novamente Jesus falou! Em resposta à pergunta sobre a derrota deles, Ele disse: *Por causa da vossa pequena fé; porque em verdade vos digo que, se tiverdes fé como um grão de mostarda, direis a este monte: Passa daqui para lá, e ele passará. Nada vos será impossível.* Que declaração! Tudo o que precisamos é fé como um grão de mostarda e montanhas tremerão de medo à medida que nos aproximamos.

Você percebeu o que Jesus estava dizendo? Ele declarou que a menor quantidade de fé que Ele poderia dar era maior e mais poderosa do que a maior quantidade do poder do diabo. Aqui estava representado o episódio de Davi e Golias. Uma semente de mostarda foi para a batalha contra uma montanha e a matou, mas tinha exigido a fé que só Deus poderia transmitir como um dom.

E os discípulos acreditavam? Sim, eles acreditavam. Eles acreditavam em Jesus. Eles acreditavam em Suas promessas. Eles acreditavam na cura divina, ou nunca teriam realizado a reunião de cura naquele dia. Acreditando exatamente como você e eu acreditamos na cura e em nossas reuniões da igreja, eles oraram, mas nada aconteceu. O que eles precisavam, de acordo com Jesus, não era um carregamento de fé, mas apenas um pouco de fé, como um grão de mostarda. Isso seria suficiente! Isso seria tudo o que era necessário... se fosse realmente fé.

Quando uma mulher de uma das minhas congregações me disse uma noite que tinha toda a fé do mundo para a sua cura, lamentei ter que lhe dizer que se eu tivesse fé como um grão de mostarda... apenas um pouco da fé do meu Mestre... que milagres maiores teriam sido feitos no poderoso nome de Jesus naquela noite!

Vamos encarar a questão diretamente. Tenha o coração aberto e rendido, e peça ao Espírito Santo que envie a Luz e a Verdade para te conduzir ao Santo Monte. Não é evidente que quando oramos o que pensávamos ser a oração da fé e nada aconteceu, deve ser que o que pensávamos ser fé não era fé? Jesus disse que a fé, como um grão de mostarda, funcionaria algumas vezes e outras não? Ele declarou que funcionaria em algumas ocasiões e seria inoperante em outras? Leia o texto. Sua declaração era clara e concisa. Não havia nada de ambíguo. Era uma simples declaração dos lábios e do coração do Deus eterno. E quem pode falar com maior autoridade do que Ele?

Sempre e onde quer que essa fé esteja em operação, não mais estaremos de pé ao redor de pessoas pobres e doentes, hora após hora, repreendendo, comandando, exigindo, lutando e implorando como nos dias de outrora. Pode haver um lugar para a intercessão, mas não é no exercício da fé. Intercessão e gemidos do coração podem preceder a operação da fé. Mas quando a fé de Deus é transmitida, a tempestade morre e há uma grande calma e uma paz profunda na alma. O único som será a voz de ação de graças e louvor. A plena percepção de que não era nossa capacidade de acreditar que fez a doença sair, mas sim que a fé que é de Deus foi transmitida e operou na cura, virá sobre nós como a aurora matinal afasta as trevas para longe.

Então é manhã. Manhã gloriosa em nossa alma. Podemos acreditar na manhã... Podemos amar de manhã... Podemos ter confiança na manhã... Mas só Deus pode enviar a manhã. Só ele pode fazê-lo. Podemos acreditar na cura... Podemos acreditar no nosso bendito Redentor e Seu poder de curar... Somente Ele, o Senhor Jesus Cristo, pode trabalhar a obra que nos levará aos picos da montanha da Vitória.

O VERDADEIRO CAMINHO

O erro de muitas pessoas foi que elas confundiram a sua própria capacidade de crer com a fé que é de Deus. Sentar e repetir uma e vez após outra: "Estou curado, sou curado, sou curado", isso não é apenas anti-bíblico, mas extremamente perigoso espiritualmente. Admito que um procedimento espiritualmente insano pode ajudar alguns neuróticos, mas nunca removerá as montanhas das quais o Mestre falou.

Lembro de um aleijado que estava em uma cadeira de rodas, cujo caso quero relatar, e se parece com dezenas de outros que temos constatado de vez em quando. Ao seu redor estavam agrupadas inúmeras pessoas que faziam tudo o que estava ao seu alcance para tirá-lo daquela cadeira. Havia orações e lágrimas misturadas com ordens e repreensões, e todos os esforços sinceros estavam sendo propostos para levá-lo a andar.

Quando conversei com ele calmamente, me disse com muita sinceridade que estava tentando acreditar. Ele me informou que tinha muita fé, mas agora estava perplexo quanto ao que fazer. Logo descobri que ele estava inteiramente errado sobre o que realmente é a fé. Tinha pensado que seria curado se pudesse acreditar que estava curado. Isso era o que ele estava lutando e tentando fazer.

Ele acreditava nas promessas da Palavra. Ele acreditava no poder de Jesus para realizar o milagre. Ele acreditava em tantas e tantas coisas maravilhosas e gloriosas nesses dias de dúvida e medo, mas estava tentando fazer o impossível. Estava apostando o milagre em sua capacidade de acreditar mentalmente que estava feito.

Contei-lhe a história de uma visita que fiz uma vez ao lugar onde Jesus transformou a água em vinho. Contei-lhe como o Espírito Santo falou a esse meu indigno coração enquanto eu estava diante dos vasos. Perguntei-lhe se eu acreditava na história bíblica do milagre que o Mestre fez em Caná da Galileia. Ele me disse que sim. Quando meus pensamentos se voltaram para aquela tarde em Caná, senti o brilho quente da presença do Espírito Santo.

Esta é a lição que recebi naquele dia: embora a mãe de Jesus, assim como os discípulos, estivesse lá, aquela água se transformaria em vinho se eles simplesmente tivessem acreditado que era vinho? O milagre somente exigiu o comando que saiu dos lábios divinos! Somente exigiu o toque da mão do próprio Deus. Eles podiam encher as panelas com água; somente podiam enchê-los até a borda. Podiam levá-los para o lugar designado. Podiam fazer as coisas que Ele lhes disse para fazer, pois Ele nunca pede aos homens que façam o impossível. Esse poder Ele reserva para si mesmo. Eles podiam fazer de tudo, menos o milagre, isto somente Ele pode fazer.

Todas as coisas são possíveis com Deus. Mas Marcos 9.23 nos diz: *Se podes crer; tudo é possível ao que crê.* A crença de que Jesus está falando aqui não é crença de mente ou concordância mental, mas é crença de coração, que é fé. Isto é provado pelo relato que Mateus dá da história do menino lunático, a qual já nos referimos. No relato de Mateus, Jesus disse: *se tiverdes fé como um grão de mostarda,* enquanto na narrativa registrada por Marcos, *se podes crer.* Assim, a crença de Marcos e a fé de Mateus são idênticas. Esse é o meu ponto. Isso é o que o Espírito de Deus tem feito com que meus pobres olhos tenham contemplado. Essa fé não é intelectual, mas espiritual. É principalmente de coração, não de mente. A verdadeira fé bíblica não é a nossa habilidade em testemunhá-la, mas é feita da profunda consciência divinamente transmitida ao coração do homem. É a fé que somente Deus pode dar.

Então eu contei minha história para o velho homem na cadeira de rodas. Você já viu uma flor aberta para o beijo do sol da manhã? Eu vi naquele dia, enquanto eu olhava para o rosto do velho querido. Em casa, ele foi esperar pacientemente até que alguma voz de anjo sussurrasse em sua alma a notícia de que Jesus de Nazaré estava passando na estrada de Jericó de sua vida.

Algumas noites depois ele estava de volta em sua cadeira de rodas. Eu o reconheci. Eu vou andar esta noite, ele declarou. Seus olhos estavam acesos com algo que eu sabia que era fé. Como você sabe? Eu perguntei a ele. É tão calmo e pacífico em minha alma; estou tão feliz na consciência de Sua presença, que tudo o que preciso agora é obedecer Sua palavra e ser ungido em Seu nome abençoado. Não houve luta, nem mesmo intercessão, pois isso já tinha acontecido antes.

Não há necessidade da escuridão quando o sol surge sobre a colina. Não há necessidade de luta entre a escuridão e a luz, que chamamos de crepúsculo da manhã, depois que os raios do sol beijam a terra! Saiu da cadeira de rodas e andou pelo altar. Em seguida, de joelhos, louvou e adorou ao Senhor, e derramou seu coração agradecido em ação de graças pela fé, que vem apenas de Deus.

A VISITA DO MESTRE

O carteiro deixou uma carta em minha porta e eu quero compartilhar com você. É a história de uma mulher que foi aleijada, além de qualquer outro inválido que eu tenha visto nos muitos anos, desde que confesso a Jesus como o Salvador da alma e o Curador do corpo. Quando a vi pela primeira vez, ela implorou piedosamente por oração. Ela me pediu para curá-la. Eu não pude... e eu sabia disso. Eu poderia ter passado por uma série de comandos, repreensões e argumentos... mas não fiz. Eu era apenas um discípulo ao pé da montanha, e sabia que ambos precisávamos que nosso Senhor operasse.

Eu cri em Jesus, e no Seu poder de levantar os caídos. Eu cri em Sua promessa, e estava baseado em Sua palavra. Mas quando olhei para o rosto da mulher que tinha rastejado em suas mãos durante dez anos, e que estava paralítica da cintura para baixo, meu coração me disse que eu precisava mais do que apenas acreditar que ela estava curada. Eu precisava da imparcialidade daquela fé que supera a razão; eu precisava da qualidade espiritual da fé do coração que nenhuma afirmação mental poderia trazer. Eu sabia que era o que ela precisava também.

Então implorei para ela entrar em contato com Jesus. Eu implorei que ela esperasse pacientemente pelo Senhor. Sua hora chegaria. Eu senti isso em meu coração. Eu sempre soube que Jesus nunca falha. Mas quantas vezes impedimos Seu trabalho por nossos esforços tolos para fazer o que Ele sozinho tem poder de realizar. Então, dia após dia, seu marido e amigos a levavam às reuniões. Dia após dia ela procurou o rosto do Senhor. Noite após noite, eles pegaram seu corpo indefeso e colocaram-no diante do velho banco de madeira onde se fazia a oração.

Os dias passavam. Em espírito subiu os degraus do templo para o tabernáculo do Senhor. Passou pelos altares da entrega e do sacrifício, e uma noite entrou no Santo dos Santos. Que noite! Era domingo. O momento de cura não estava no programa que havia sido impresso por mãos humanas. Mas Deus faz maravilhas quando Jesus de Nazaré passa, e o Espírito Santo pode nos fazer subir acima de nossas formalidades, rituais e planos.

No altar, onde fora levada por seu marido, reclinou-se para orar, pois não podia se ajoelhar. Então Jesus veio. Ele deu à mulher uma visão de Si mesmo. Ela o viu no final de uma estrada. Ele sorriu. Ela estava consciente da fé fluindo como um rio através dos campos de seu coração. Antes que tudo acontecesse, ela sabia! Como, ou por que, ela não podia dizer. Mas ela sabia que havia uma infusão divina da Fé que é a Fé do Filho de Deus.

Naquele exato momento, o Salvador transmitiu Sua Fé ao meu coração também. Virei-me para o ministro metodista na plataforma e disse: hoje à noite veremos a glória do Senhor. E vimos. Conforme a mão do Senhor era colocada sobre ela, ela se endireitava. Seus membros mirrados cresceram para o tamanho normal mais rápido do que os olhos conseguem ver. Ela ficou de pé! Ela andou! Não havia mais necessidade de ser carregada, exceto nos braços amorosos de Jesus.

Até ao pé da cruz fluíram pecadores para buscar um Salvador! O edifício soou com os louvores que vêm de corações felizes, e as vigas retumbaram com a mensagem:

Somente Jesus, somente Jesus,
Só Ele pode satisfazer.
Cada fardo torna-se uma bênção,
Quando eu sei que meu Senhor está próximo.
(Only Jesus, only Jesus,
Only He can satisfy.
Every burden becomes a blessing,
When I know my Lord is nigh.)

SOMENTE JESUS

A razão para contar esta história é que eu quero que você veja a diferença entre o esforço humano de crer e a fé que é o dom de Deus. Quão melhor e mais bíblico é esperar até que Jesus de Nazaré passe e fale a palavra de fé ao coração necessitado, do que confundir nossa crença na cura pela fé que só Ele pode dar.

Francamente, no dia em que trouxeram pela primeira vez aquela pobre e desamparada mulher para a oração, eu estava ciente de três coisas. Eu sabia que ela não tinha fé; eu sabia que não eu tinha fé; e eu sabia que só Jesus tinha fé. É evidente que nossa missão era nos aproximar de Jesus. É nosso privilégio levar nossas orações e nossos cuidados para Ele através da comunhão com Ele. E dentro de nossa herança está o direito de separar do mundo um lugar sagrado de comunhão, onde o céu desce... nossas almas se cumprimentam... e a glória coroa o trono de misericórdia.

Isso é o que fizemos! Poderíamos ter estabelecido nossas mentes e nossas vontades para trabalhar. Poderíamos ter ordenado, exortado e suplicado... Ela poderia ter lutado para se levantar, como outros fizeram, no poder da vontade em vez da fé. Mas não... Há uma maneira melhor e mais doce. É o caminho de Deus! É a maneira da Bíblia. Era um longo caminho para o nobre andar de Cafarnaum para Caná, cujo filho estava enfermo naquela cidade, mas depois de conhecer Jesus, nunca se arrependeu da jornada.

Pode ser que a trilha seja íngreme sobre a montanha, ou haja um vale profundo, mas a esperança dará força aos nossos pés e, enquanto caminhamos com Jesus, as labutas do caminho não se sobressairão, pois Ele e só Ele é o doador e o transmissor da fé que é capaz de remover montanhas.

Gostaria de compartilhar com vocês a carta de nossa irmã:

Caro irmão Price:

Laurel, Ontário, 12 de outubro de 1940.

Saudações! Oh, aleluia, os sinos da alegria estão tocando em meu coração por causa de Jesus!

À medida que o tempo se aproxima de outro aniversário do grande milagre realizado em meu corpo, os pensamentos e o calor do meu coração e do meu marido, são direcionados a você de uma maneira muito especial. Graças a Deus, o bendito Cristo veio a nós e manifestou Seu Poder e presença tão maravilhosa, naquela noite, 19 de outubro de 1924.

Que boa medida Ele nos deu! Ele salvou minha alma e curou meu corpo, usando você como Seu discípulo. Verdadeiramente eu estava em uma condição lamentável, concorda, irmão Price? Eu estava em grande necessidade espiritual e física. Espiritualmente, eu sabia que estava salva, mas havia uma espécie de cerca, que me impedia de desfrutar a vida no Senhor, e ter alegria real em Deus.

Através de sua pregação do evangelho, a verdadeira alegria do Senhor entrou em meu coração, e também no de meu marido, para permanecer com a certeza de que nossos muitos pecados foram lavados pelo sangue purificador de Jesus. Fisicamente, você sabe muito bem a minha condição a esse respeito, como pôde ver por si mesmo minhas dificuldades quando era levada para suas reuniões, não sendo capaz de andar ou ficar de pé, ou mesmo deixar meus pés descansarem no chão da maneira normal. Dez longos anos de impotência, sendo levada nos braços de meu fiel marido, com contínuo sofrimento. E então, Jesus novamente andou na Estrada de Jericó, e veio ao meu caminho, em suas reuniões. Oh, sim, você me ouviu falar muitas vezes, mas quero lhe dizer mais uma vez. A história nunca se torna obsoleta para meu marido ou para mim, porque você vê que é Jesus, o querido Jesus!

Meu coração transborda enquanto eu falo com você sobre estas coisas, e as lágrimas fluem também, pois o amor de Jesus me derrete em louvor e gratidão diante dele. Sim, Jesus cura os corpos doentes hoje!

Continue contando a boa notícia, irmão Price, pois há tantos doentes e aflitos que nos rodeiam. A palavra de Deus nos diz que Jesus curou os coxos, cegos, leprosos e todo tipo de doenças, quando Ele andou nesta terra há muitos anos, e sabemos que Ele faz o mesmo em nossos dias. Seu brilho não diminuiu. O sangue que Ele perdeu e as dores que sofre naquele Calvário são tão eficazes agora como foram na época, Graças a Deus.

Naquele sábado, 19 de outubro de 1924, Jesus me colocou sobre meus pés indefesos e me permitiu andar sem dor alguma, me pôs no meu caminho, e verdadeiramente eu e meu marido temos nos alegrado desde então, em Jesus! Dezesseis anos de saúde, força e atividade. Tive algumas duras provações em meu corpo durante aqueles anos, ossos quebrados e tantas outras provações de fé, mas eu quero dizer uma vez mais aquilo que você sabe muito bem, as Promessas de Deus se mantêm firmes e seguras. Nosso Deus tem toda a glória, pois nem meu marido nem eu jamais usamos o menor remédio de qualquer espécie desde que Jesus se comprometeu conosco em Paris, onde encontramos o grande Curador nos encontros evangelísticos.

Em agradecimento e louvor a Jesus, desejamos novamente te agradecer, irmão Price, pela parte que teve na grande obra. Como Paulo, você não foi desobediente à visão celestial, pois você não anunciou a si mesmo, mas declarou toda a verdade, sem deixar de lado que Jesus cura os enfermos hoje.

Meu marido e eu estamos muito bem de saúde, toda glória e louvor a Jesus, nosso médico. Nunca tive qualquer necessidade de pílulas ou quaisquer remédios. As promessas são suficientes. Aleluia! Jesus nunca falha.

Continuamos a orar por você. Que você seja guiado pelo Espírito Santo e ungido do alto para um serviço ainda maior do que nos últimos anos, para proclamar as inescrutáveis riquezas de Cristo.

Como o Espírito Santo me aquece enquanto escrevo e o poder de Deus me emociona e me enche. Aleluia! Jesus vive! Como nós sabemos? Graças a Deus, porque Ele vive dentro de nós.

Amor cristão cordial a todos vocês, de seus sempre agradecidos amigos em Jesus.

Irmão e irmã Johnson

Capítulo 3

O MELHOR CAMINHO

Acredito que há uma diferença entre a fé do Antigo Testamento, que estava debaixo da lei, e a fé do Novo Testamento, debaixo da graça.

A palavra-chave da Epístola aos Hebreus é ótima para nos explicar as duas situações, e isso é particularmente interessante à luz do quinto capítulo desta notável carta, que nos mostra a verdade do cristianismo, por contraste. Ele não ab-roga o passado, mas mostra-lhes que o cristianismo cresceu fora do judaísmo, assim como a flor cresce fora da raiz. Escondida nas informações da raiz estava a cor, a fragrância e a beleza da flor, que repleta de graça, viria depois. A flor não era melhor do que a raiz? Não era o fim melhor do que o começo? O sangue de Cristo não era melhor do que o sangue do cordeiro morto sobre os altares judaicos? Jesus não era melhor do que os anjos que visitaram seus pais de tempos em tempos em dias memoráveis de sua história? A voz do Filho de Deus não era melhor do que a voz dos profetas?

Este foi então o palpitar do coração da Epístola. Quando ela chega ao capítulo da fé, há alguma razão para se afastar do propósito da carta e do motivo da epístola? Eu acho que não. O tema é ainda melhor, e o propósito é mostrar a beleza da fé de Jesus em comparação com aquelas obras e palavras dos patriarcas e profetas que lhes foram contados como fé. Foi a fé daquele dia. Foi a fé para aquele tempo. Lembre-se que o autor da Carta aos Hebreus fecha o capítulo 11 com as palavras: *por haver Deus provido algo melhor a nosso respeito, para que eles, sem nós, não fossem aperfeiçoados.*

Em outras palavras, os atos e testemunhos dos antigos eram apresentados como imagens em uma galeria para que os judeus contemplassem e admirassem. Havia a história de Abel e Enoque. Noé, Abraão, Sara, Isaque e Jacó foram enquadrados numa moldura de obediência à palavra divina. Depois vieram Moisés e Josué, seguidos por um grande desfile de ilustres dos dias de antigamente, antes de Jesus nascer no estábulo de Belém. Mas Jesus nasceu, e em nenhuma parte de toda a epístola há escrito, que nossa fé hoje deve ser limitada nos padrões do Velho Testamento. Em vez disso, a carta fala de algo melhor. Ela introduz a flor que cresceu fora da raiz.

A fé nos velhos tempos era manifestada pela palavra e ação na obediência ao comando. Mas ainda resta mais. A palavra e a ação são apenas uma parte, e pequena, do que o Novo Testamento nos ensina que a fé realmente é. Claro, haverá trabalho, e haverá testemunho. Mas isso não é fé. Não a fé do Novo Testamento, pelo menos!

A este respeito, é interessante notar que se você voltar para o relato do Velho Testamento, das vidas dos homens e mulheres introduzidas no décimo primeiro capítulo de Hebreus, a palavra fé nunca é mencionada em conexão com suas vidas.

Portanto, devemos chegar à conclusão inconfundível de que a carta aos Hebreus não está sustentando a vida desses ilustres patriarcas como um padrão para os seguirem, mas sim, como o excelente começo, na vontade de Deus, de algo mais sublime que eles descobririam em Jesus. A fé que eles possuíam era tudo o que seus pais tinham, e mais, vendo que eles estavam cercados por uma tão grande nuvem de testemunhas, eles também deveriam deixar de lado os pesos e os pecados, e correr com paciência a nova carreira que lhes era proposta. Eles deveriam fazer o quê?

Olhe para Jesus, que foi o autor e consumador de sua fé.

Se Ele foi o Autor e o Consumador de sua fé, e a fé dos apóstolos, então Ele é o Autor e Consumador da minha fé também. Em outras palavras, toda fé verdadeira começa e termina nele. O texto não diz que Ele é o Autor e o Consumador de Sua fé somente, mas afirma que Ele é o Autor e Consumador da minha fé e da sua fé.

FÉ E PRESUNÇÃO

Não há nada antes do Alfa e nada depois do Ômega. Ele começa, e começa nele. Ele termina, e termina nele. Quando eu quero algo, eu preciso buscar Sua face! Eu não posso obter em qualquer outro lugar, que não seja no incomparável Jesus. Ele é o Autor e o Consumador da nossa fé.

Por acaso, não cometemos o erro, depois de olhar para o décimo primeiro capítulo de Hebreus e ver o que eles fizeram, de arregaçar as mangas para mostrar e provar a nossa fé pelo que fazemos? Você já fez isso? Se já fez, então você ficou perplexo com o que parecia ser a oração sem resposta e o poder inoperante do que pensou que era fé! Lembre-se que a fé age, mas o ato vem da fé, ao invés da fé do ato. É por isso que é muito fácil passar pela fronteira da fé que Deus confere ao reino da presunção. Isso foi ilustrado para mim de uma forma muito clara e maravilhosa há algum tempo.

Em Victoria, Colúmbia Britânica, Canadá, há alguns anos, eu estava entrando na Metropolitan Methodist Church em companhia de alguns ministros. À porta do edifício, vimos uma senhora idosa gentil sendo trazida em uma cadeira de rodas, em uma caminhonete. Levantei meu chapéu e disse-lhe um *Deus te abençoe*. Lágrimas brotaram em seus olhos quando ela respondeu: *Ele tem me abençoado, dr. Price. Ele é tão gentil e gracioso, e eu posso sentir Sua presença agora.*

— *Você veio para a cura?* — Eu perguntei.

— *Sim* — ela respondeu — *e louvarei o Seu nome; sei que as águas estão perturbadas*. Nesse instante, o motorista da caminhonete inclinou-se e disse: — *Devo voltar, senhora, para te levar para casa depois do culto?* Ela viajou muitas milhas, e a única maneira de levá-la para casa em uma cadeira de rodas era em uma caminhonete, pois a cadeira era muito grande para um automóvel. Ela hesitou. Então uma luz veio sobre seu rosto quando ela respondeu: — *Não, eu não vou precisar de uma caminhonete. Vou deixar a minha cadeira de rodas para trás e ir para casa de trem.* O motorista coçou a cabeça confuso e sorriu para o que ele achava ser uma mulher tola. Ele dirigiu para longe, pois ela não precisava dele! Ela foi para a sua casa, e foi de trem!

Eu contei aquela história em uma reunião que realizei no Meio Oeste americano. No dia seguinte, uma senhora enviou uma mensagem dizendo que gostaria de me ver por um momento em sua pequena casa. Eu a encontrei deitada em um sofá com um grupo de pessoas ao seu redor, que cantavam um hino. Ela olhou para mim e disse:

– Irmão Price, eu mandei a cadeira de rodas para casa. – ela esperou por um grito meu, mas nenhum grito se ouviu. Em vez disso meu coração se entristeceu. Não havia fé e eu sabia. Ela percebeu que eu não havia me entusiasmado com seu ato, então ela me disse:

– Se Deus pode fazer isso por uma mulher, Ele pode fazer isso por outra.

Quando saí do prédio naquela noite, ela era novamente o centro de um grupo que insistia em que ela se levantasse e andasse; mas ela foi embora triste. Dela, o Senhor poderia dizer: Há uma coisa que falta. Os dois atos eram exatamente os mesmos. Duas cadeiras de rodas foram enviadas para casa. Em um caso era fé; e no outro, era presunção. Na fé do Novo Testamento, o ato pode nascer da fé; mas a fé não pode nascer do ato. O ato pode vir da fé, mas a fé deve vir de Deus.

Este, então, é o melhor caminho da Epístola aos Hebreus. Este é o propósito e o motivo do que chamamos de Capítulo de Fé do livro. Você não ficou perplexo diante da benevolência e generosidade do Senhor? Você não sabe que Deus não retém coisas boas aos que andam em retidão? Você tem um problema? Coloque-o nos pés do Mestre. Comece a confiar nEle, e ao lhe dar Sua confiança, verá Sua Fé tornar--se operativa. Por que brincar com algumas gotas de fé em nossas lutas quando Sua fé é tão ilimitada quanto o oceano?

Ele não faz acepção de pessoas. Ele ama os mais fracos e os mais simples de todos nós, mas nos tornamos tão importantes aos nossos próprios olhos e tão orgulhosos de nossas realizações espirituais que nossos testemunhos exibem apenas a justiça que é vã em si mesma. Ele olha para a nossa justiça como trapo imundo! Precisamos estar no espírito de inocência como meninos! É inútil esperar até que sintamos que somos dignos, porque nunca seremos. Seja como uma criança pequena para aquele que nos dias antigos, chamou um menino para perto de si e disse aos fariseus: *Em verdade vos digo que, se não vos converterdes e não vos fizerdes como meninos, de modo nenhum entrareis no reino dos céus.*

Vire-se suavemente para Jesus. No tempo da graça, a fé para o cristão só pode ser encontrada em Cristo, e nele encontramos tudo o que é suficiente para todas as nossas necessidades. O que Noé tinha era bom, mas o que temos é melhor. Noé tinha a Palavra de Deus, mas temos o Filho de Deus. Noé edificou a Palavra de Deus, mas o nosso fundamento é o próprio Jesus. Assim, encontramos em todo esse notável capítulo de Hebreus uma recitação da glória de Deus manifestada nos atos dos homens que acreditavam em Deus e que andavam em caminhada de obediência a Ele. Um deles, chamado Enoque, foi para um passeio com Ele e se esqueceu de voltar. Quando a fé que é de Deus veio à Terra na forma do Filho de Deus, o autor da carta aos hebreus foi obrigado a dizer: aquela era a fé antiga, mas aqui está o novo. Aquela foi a boa maneira, mas esta é a melhor.

A HISTÓRIA DE MÜLLER

Cristo é tudo em todos. E o amor do coração do Pai é mostrado no fato de que Ele não é apenas capaz, mas disposto a satisfazer todas as nossas necessidades.

Estive lendo a vida de George Müller. O Pastor Charles Parsons fala de uma experiência com Müller nas seguintes palavras:

3. O Melhor Caminho

Um dia quente de verão me encontrou caminhando lentamente até os bosques obscuros de Ashley Hill, Bristol, Inglaterra. No topo, meu olhar encontrava os imensos edifícios que abrigam mais de dois mil órfãos, construídos por um homem que deu ao mundo a lição de fé mais impressionante na fé que já se viu.

A primeira casa à direita, entre apartamentos simples e despretensiosos, vive o patriarca santo, George Müller. Passando pelo portão do alojamento, fiz uma pausa para olhar para a casa nº 3, apenas uma das cinco construídas.

A campainha é respondida por um órfão, que me conduz até uma escada de pedra, e um dos quartos particulares era do fundador venerável. O sr. Müller atingiu a notável idade de noventa e dois. Enquanto estava na presença dele, a admiração preencheu a minha mente.

Diante das cãs, te levantarás, e honrarás a face do velho, e terás temor do teu Deus. Eu sou o Senhor. (Levítico 19.32)

Recebeu-me com um aperto de mão cordial e me deu boas-vindas. É muito bom ver um homem por quem Deus realizou uma obra poderosa. E também ouvir os tons de sua voz, e ainda entrar em contato com seu espírito, e sentir o hálito quente de sua alma, que respira dentro de si. A comunhão daquele dia estará gravada para sempre em minha memória.

– Li a sua vida, sr. Müller, e notei quão grandemente, muitas vezes, sua fé foi tentada. Isso acontece agora, como antigamente?

A maior parte do tempo ele se inclinava para frente, com um olhar direcionado para o chão. Mas depois de minha pergunta ele se sentou de forma ereta, e olhou por vários momentos em meu rosto, com uma seriedade que parecia penetrar minha alma. Havia grandeza e majestade sobre aqueles olhos imaculados, tão acostumados a visões espirituais e a olhar para as coisas profundas de Deus. Não sei se a questão parecia sórdida, ou se isso tocava um remanescente do velho *eu* a que fez alusão em seus discursos. De qualquer forma, não havia sombra de dúvida que eu havia despertado todo o seu ser. Depois de uma breve pausa, durante a qual seu rosto era um sermão, e as profundezas de seus olhos claros brilharam como fogo, desabotoou seu casaco, e tirou de seu bolso uma carteira antiga, com anéis no meio, separando as moedas. Ele a colocou em minhas mãos, dizendo:

– Tudo o que tenho está nesta carteira! Guardei algo para mim? Não! Quando o dinheiro é enviado para meu próprio uso, eu o transmito a Deus. Assim como $ 1.000 foi enviado de uma só vez, mas não considero estas dádivas como pertencentes a mim, pertencem a Ele, a quem eu pertenço, e a quem eu sirvo. Guardar para mim? Não me atrevo. Isso desonraria meu amoroso e gracioso Pai.

O grande ponto é nunca desistir, até que a resposta venha. Eu tenho orado por cinquenta e dois anos, todos os dias, por dois homens, filhos de um amigo da minha juventude. Eles ainda não são convertidos, mas serão! Como pode ser diferente? Há a promessa imutável de Jeová, e nisto eu descanso. O grande erro dos filhos de Deus é que eles não continuam na oração. Eles não perseveram. Se desejam alguma coisa para a glória de Deus, devem orar até que a obtenham. Oh, quão bom, amável, gracioso e condescendente é Aquele com quem temos que estar! Ele me abençoou, indigno como sou, imensamente acima de tudo o que eu havia pedido ou pensado! Eu sou apenas um homem frágil e pecador, mas Ele ouviu minhas orações dezenas de milhares de vezes, e usou-me como meio de trazer dezenas de milhares para o caminho da verdade. Digo dezenas de milhares aqui e em outros lugares. Esses lábios indignos proclamaram a salvação para grandes multidões, e muitos creram para a vida eterna."

Assim falou George Müller. Assim falou um homem do nosso tempo, pois eu estava em Bristol como um menino enquanto Müller já estava vivo. Assim falou um homem que tinha aprendido a lição de que as águas vêm da fonte e que as flores vêm da raiz. Ele tinha aprendido que a fé de Deus vem apenas de Deus e que em nenhum outro lugar poderia ser encontrado. Ele aprendeu que aquele que era tão livre na graça de dar ensinaria a Seus discípulos como ser eficientes na graça de receber. Quando precisava de dinheiro, não ia ao homem que o possuía, mas ao Cristo que tinha o poder de falar ao coração do homem que o possuía. Sua fé veio por causa de seu contato diário e vital com seu Senhor. E estando na vontade de Deus, a fé foi dada mais do que suficiente para cada necessidade.

Os homens costumavam chamá-lo de apóstolo da fé do século XIX. Suponho que ele deve ter ouvido dizer isso sobre si. Gostaria de saber se ele já leu o décimo primeiro capítulo de Hebreus. Gostaria de saber se ele se tornou consciente do fato de que os homens estavam adicionando seu nome ao rolo dos heróis da fé. Se ele fez, eu acho que deve ter sorrido quando chegou ao último verso daquele décimo primeiro capítulo de Hebreus e leu que Deus havia provido algo melhor para nós. Ele deve ter sorrido quando leu o curto texto da escritura, que diz: *olhando para Jesus, autor e consumador da fé, o qual, pela alegria que lhe estava proposta, suportou a cruz, desprezando a afronta, e assentou-se à destra do trono de Deus.*

Então, corra para Cristo agora. Aprenda a confiar nEle, para que Ele possa lhe transmitir a Sua fé!

Faça conhecia a sua necessidade. Conte-lhe as suas tristezas. Então, no santuário de Sua presença, você encontrará descanso e liberdade contra o barulho e as preocupações que o afligem.

Capítulo 4

AS ORIGENS DA FÉ

Tenho uma aversão muito forte contra pregações e textos negativos. Não acho suficiente quando um pregador ou autor de livros discute sobre uma doença. Para satisfazer minha alma, ele deve oferecer a cura. É fácil apontar o que está errado, mas eu quero saber o que é certo. Às vezes isso é um pouco mais difícil do que se poderia supor. No entanto, quando finalmente os erros são corrigidos, e voltamos aos caminhos da verdade, pode ser que no cuidado de Deus, o caminho errado tenha deixado um rastro de bênção.

Muitos anos atrás eu estava em uma de minhas visitas periódicas às cadeias montanhosas que fazem fronteira com as costas rochosas do Alasca. Um visitante se perdeu quando estava andando por aquela gelada região, mas antes eu havia lhe falado sobre a trilha que o levaria de volta para um vale onde pudesse se orientar. Depois de um período de duas horas ele chegou de volta ao meu acampamento. Me disse que estava completamente confuso, e me perguntou se eu gostaria de viajar com ele até que tivesse certeza de sua direção. Eu fui, pois é um lugar perigoso para andar sozinho, a menos que se tenha um conhecimento do local e de suas trilhas. Semanas depois recebi uma carta agradecida do sujeito na qual ele disse, entre outras coisas: "saber que você está no caminho certo é uma coisa boa; mas voltar ao caminho certo, depois de estar no errado, aumenta sua bênção".

E isso é uma verdade! É depois da chuva que apreciamos os brotos recém nascidos e as delicadas plantinhas brotando da terra. Após as nuvens de tempestade apreciamos a calma de um dia com um lindo céu azul. Se através destas páginas eu puder conduzir aqueles queridos filhos de Deus, que ainda não viram o fruto completo da vitória na fé, de volta ao ensinamento claro da Palavra e à vitória final, então meu coração estará feliz e estas páginas, escritas em oração, não falharão em sua missão.

Acima de tudo o que eu quero que você veja é que não pode gerar a fé. Não pode produzi-la. Não pode criá-la. Ela é transmitida e infundida pelo próprio Deus. Você não pode sentar em sua casa e lutar para ter fé, e afirmar que algo é. Também não pode transformar sua esperança e desejo em fé por seu próprio poder. O único lugar que você pode obtê-la é do Senhor, pois a Palavra claramente afirma que a fé é uma destas duas coisas: é um dom de Deus, ou é um fruto do Espírito.

Diz a Epístola de Paulo aos Coríntios: *Agora, pois, permanecem estes três: a fé, a esperança e o amor. Mas o maior deles é o amor* (1Co 13.13). Enquanto o amor pode ser o maior, certamente não é o primeiro. Deve ser precedido pela fé. Olhe para alguma árvore. Que coisa bela e simétrica! Somente Deus pode fazer uma árvore. Há beleza em todos os seus ramos retorcidos. Há beleza em suas folhas que balançam. Cada folha é um pequeno mundo, com suas veias minúsculas carregando a vida que Deus fornece, que lhe dá tudo o que possui em seu reino natural. No entanto, há algo que envolve a árvore. Sob a superfície do solo existe um grande sistema de raízes que se esconde. Você não os vê, mas sem eles a árvore morreria. Não teria vida alguma.

A FÉ É A VIDA

As raízes normalmente são feias se comparadas com a bela vegetação acima do solo. No entanto, a vegetação está lá, em parte, por causa das raízes. Agora, vamos chamar o topo da árvore Amor. Você pode vê-lo, você pode tocá-lo, você pode apreciar sua fragrância. Você contempla sua beleza. Ele está lá por causa de algo que não vemos, que são as raízes. Agora você espera que eu diga que essas raízes são as raízes da fé. Não! A fé é a vida que flui para as raízes. É essa qualidade sobrenatural que só Deus pode produzir e dar. Existem raízes que você poderia plantar que nunca, nunca iriam crescer.

Você, você mesmo, e sua natureza interior são essas raízes. Seus sentidos, suas vias de aproximação às expressões da própria vida são enterrados abaixo da superfície onde as pessoas não conseguem vê-los. Todo mundo contempla o que você produz e não propriamente a você. O que Jesus quis dizer quando falou *"Pelo seu fruto os conhecereis"*? Vós os conhecereis. O fruto produzido é um sinal do que a árvore realmente é.

Vou repetir. As raízes da árvore não são a fé. As raízes não produzem a vida, mas a vida produz as raízes. É a vida que é fé. É essa qualidade maravilhosa e gloriosa que é um dom do coração de Deus, e que nos sustenta. Esta vida, ou fé, será manifestada ao mundo pelo fruto que nós carregamos;

pelos braços do amor estendidos; pelas coisas da graça e da beleza que por Deus se manifestam dia a dia na árvore de nossas vidas.

Quão tola seria aquela árvore lutar na tentativa de criar a vida que flui nela. Não precisa lutar. Tudo o que precisa fazer é funcionar em obediência às leis divinas. Como a vida está lá, ela simplesmente manifesta a vida no fruto que ela carrega, e a beleza com que dota o mundo.

Assim é com a fé. O amor pode ser a maior coisa do mundo, mas a fé deve necessariamente ser a primeira. Sem fé é impossível agradar a Deus. Mas você me diz que tem fé. Eu pergunto onde você conseguiu. Eu pego uma maçã rosada em uma árvore. Eu ouço o testemunho da maçã, que vem do fundo do seu coração. Ela me diz que tem as bochechas rosadas. Ele sussurra no meu ouvido que é muito bom ao paladar. Convida-me a provar o seu sabor. Ela testemunha que tem tantas nobres e belas qualidades. Então eu pergunto de onde vem tantas qualidades. Do ramo? Do abrigo das folhas, da chuva, ou do sol? Sim, tudo é verdade. Mas eu sei que no caminho do sistema oculto, que não podemos ver, as raízes estavam recebendo algo de Deus que nenhuma árvore sobre a face da terra foi capaz de produzir de si mesmo!

O ATEU E DEUS

Algum tempo atrás, um ateu estava em uma reunião que eu estava conduzindo. Ele era extremamente duro e cínico e morava sozinho no quarto de um hotel. A sua solidão apenas foi adicionada à sua natureza dura, crítica e descrente. A mensagem que eu preguei naquela noite tinha

4. As Origens da Fé

o título *Compreendendo o Incompreensível*. Declarei que era possível acreditar no inacreditável e conhecer o amor de Deus que excede o entendimento. Na manhã seguinte, ele veio ao meu escritório e pediu uma reunião. Ele era bastante argumentativo e eu lhe disse que não tinha tempo para discussão, mas ficaria feliz em responder qualquer pergunta sincera, honesta que fosse colocada diante de mim.

Ele disse:

– Não tenho fé. Eu não acredito na Bíblia, e eu não sei se existe um Deus. Eu vejo uma lei da ordem na natureza e no universo, mas o que a causa, ou de onde veio, eu não sei. Agora, dr. Price, o seu sermão ontem à noite foi um desafio para o meu pensamento. O que eu quero saber é isto: como um homem pode gastar um dólar quando ele não tem? Como você pode dirigir um carro quando você não possui? Como você pode crer quando não tem fé? Como Deus pode esperar que um homem exerça fé quando não há nenhuma (supondo que haja um Deus)? Onde há justiça em um cenário como esse?

– Você é um homem honesto, mas quer saber a verdade?

– O que é verdade? – foi a resposta. – A que qualidade você se refere? Eu nunca fui capaz de encontrá-la, embora eu tenha passado uma vida em busca dela.

Na parede do meu escritório estava pendurado um quadro de Jesus no Jardim do Getsêmani. Suas mãos estavam apertadas e Seus olhos se erguiam para o céu em oração. Caminhei até aquela foto e olhei para ela por um momento ou dois sem falar. Eu intuitivamente sabia que ele estaria olhando para aquela foto também. Quando finalmente me virei para encará-lo, eu disse:

– Ele é Verdade. Ele é o Caminho. Ele é a sua vida e fé. Ele tem em abundância o que você diz que não tem. Você tem tentado tirá-lo da mente, do pensamento e do intelecto, mas Ele pode suprir tudo, pois o rio de Sua graça flui através do coração. É por isso que Ele veio. Ele veio para libertar os homens... libertar de dúvidas como a sua... libertar de medos e receios... libertar da incredulidade e do pecado...

– Parece uma história de fadas para mim. – ele interrompeu. – Tudo bem se você acreditar, mas como pode o homem ou Deus esperar que homem acredite no que ele não pode acreditar?

Ele foi embora. Uma semana depois, veio até mim e ofereceu sua mão. Quando olhei para seu rosto, eu sabia que o milagre tinha acontecido. Em seu coração não havia chegado apenas o conhecimento consciente dos pecados perdoados, mas uma manifestação da doçura e amor de Deus que havia feito uma nova criação em Cristo Jesus. Como no Milênio, em lugar do espinheiro, crescerá a faia, e, em lugar da sarça, crescerá a murta, então na vida deste homem havia surgido a evidência da Presença de Deus.

– Sabe o que aconteceu? – ele disse. – Eu disse ao Senhor para se manifestar, se Ele existisse. Eu pedi a Ele que fizesse algo que revelasse Sua presença. Tomei consciência de que Ele estava perto de mim. Eu percebi que havia um Deus e que havia uma alma para salvar. Eu não entendi com a minha mente, mas com meu coração. Então disse a Ele que eu não tinha fé para crer, mas Ele me deu Sua fé, e eu acreditei. A obra estava feita.

Esse é o caminho de salvação de Deus. A todos quantos O receberam, deu-lhes o poder de se tornarem Filhos de Deus. Quando eu faço um apelo do altar, convido cada

4. As Origens da Fé

homem, e cada mulher, a entregar seu coração e vida a Cristo. Se somos salvos pela fé, como eu sei que todos podem ter fé para receber a salvação? Como eu sei que todos que eu convido podem encontrar a vida eterna? Alguns podem ter fé, e outros são inteiramente desprovidos dela. O fato de que as pessoas acreditam no que você diz não significa que elas têm fé para traduzir essa crença, ou mesmo, a fome do coração, em um conhecimento experimental dos pecados perdoados.

No entanto, clamo: *Todo aquele que quiser vir, porque eu sei que Ele dará a fé que é necessária a todo coração sincero*. Eu cito o décimo segundo versículo do primeiro capítulo de João: *Mas a todos quantos o receberam, aos que creem no seu nome, deu-lhes o poder de se tornarem filhos de Deus*. E o décimo quarto: *os quais não nasceram do sangue, nem da vontade da carne, nem da vontade do homem, mas de Deus*.

O mesmo Espírito Santo que condena o pecador de seu pecado verificará que, como o pecador recebeu suficiente convicção para ser convencido do pecado, dará a ele fé suficiente para convencê-lo de sua salvação. Mas nenhum homem em si mesmo possui essa fé. Porque pela graça sois salvos, por meio da fé, e isto não vem de vós; é dom de Deus.

Pobre, infeliz, miserável, ignorante e incrédula, a humanidade nunca poderia desenvolver no seu coração corrompido fé suficiente para acreditar em um Salvador, e muito menos para recebê-Lo. Assim, o Espírito Santo não só transmite a convicção da necessidade de um Salvador, mas também transmite a fé para recebê-Lo.

Nunca pense que foi a sua fé que o fez receber Cristo como seu Salvador. Nunca diga que qualquer ato seu foi a base de sua redenção. É Jesus quem dá a água da qual falou à mulher samaritana; é Jesus quem põe os braços de amor sob o peso das costas e levanta o corpo cansado; é Jesus quem derrama no coração dilacerado o óleo de alegria do céu; é Jesus quem suaviza as marcas de uma vida cansada com o toque suave de Sua mão, e é Jesus que nos livra das trevas, nos move da noite para a luz de Seu próprio dia glorioso e maravilhoso.

UMA FÉ VIVA

Quando vamos parar com nossas lutas desnecessárias e começar a crer?

Quando vamos pôr fim às nossas imaginações não bíblicas, na tentativa de encontrar uma fé que não possuímos, pois se não a obtermos de Deus, nunca possuiremos essa fé! Somos capazes de crer e ao mesmo tempo absolutamente incapazes de exercer a fé bíblica. Milhares erraram ao pensar que crença é fé. Não é. Há crença na fé, sem dúvida. Mas os demônios também creem. A crença é fria e intelectual. Ele opera na medida em que o ser humano vai aos domínios do intelecto. Muitos homens pecaminosos relatados na Bíblia acreditaram, mas tal crença não os salvou.

A fé é vida. Ela se move, e opera, e varre os inimigos da alma antes que eles avancem contra nós. E é necessário toda a fé do mundo? Não! Precisamos apenas da fé com o tamanho de um grão de mostarda, se for a fé de Deus! Assim as montanhas serão movidas, a alma doente pelo pecado verá a glória do Senhor. Mas deve ser a fé de Deus. Deve vir Dele. Ele deve nutrir esta fé. E Ele o fará. Esse é o Evangelho da Graça que eu creio.

4. As Origens da Fé

A Estrada de Jericó sem Jesus é somente a Estrada de Jericó. Mas com Ele é a gloriosa estrada da salvação e da cura. Suas próprias pedras exaltam Sua glória. Sem Ele sua poeira é sórdida, suas lágrimas são reais, e sua cegueira é tão escura. Mas com Ele a sua poeira começa a fazer crescer as flores da graça e da glória. Suas lágrimas se transformam em pérolas, sua cegueira e escuridão é transformada em luz. É preciso a presença de Jesus para realizar o milagre da transformação da Estrada de Jericó.

O cego não se sentou na areia e disse para si mesmo "estou curado, posso ver" – agora, se eu posso acreditar que estou curado e posso ver, então eu verei? Não! Ele ouviu que Jesus de Nazaré estava passando, e gritou:

– *Filho de Davi, tem misericórdia de mim!*

Então não se esqueça das palavras de Jesus: *Que queres que eu te faça?* Note, não é o que você quer que seja feito, mas o que você quer que Jesus faça.

Jesus disse:

– *Vai, tua fé te salvou.*

Tua fé, disse Jesus. Onde o cego conseguiu isso? Quem deu a ele? Se foi a sua fé o tempo todo, por que ele não foi curado antes de Jesus vir por esse caminho? Se você me der um relógio, o relógio será meu, mas eu ganhei de você. Há fé no meu coração enquanto escrevo, mas sei onde consegui. Não da afirmação, não da vontade, não da crença, não da compreensão mental, mas de Jesus. Ele é o Autor e Consumador de nossa fé.

Assim a alegria desceu do céu para a Terra!

Era uma vez uma minúscula semente plantada no chão. Era uma bolinha. Depois de um tempo, rompeu sua pequena casca e se derramou nos braços da mãe natureza, para que pudesse ser alimentada. Começou a crescer. Então um homem veio e colocou uma grande e pesada pedra sobre a pequena plantinha. Ela começou a se preocupar com medo de que nunca seria capaz de levantar a cabeça para onde poderia ver a luz do dia. A semente queria usar uma guirlanda de folhas para seu cabelo, e crescer para ser bonita e forte.

Um dia suas mãos tão minúsculas e ternas tocaram a rocha. A pequena árvore em crescimento parecia tão desamparada. Não lutou nem tentou mover a rocha que era o inimigo de seu coração. Apenas cresceu. Um dia a rocha foi levantada. Ela foi empurrada para fora do caminho e suas mãos frondosas bateram palmas de alegria. Quem levantou a rocha? A semente? Não! Era algo dentro da semente que nenhum homem no mundo jamais conseguiu reproduzir. Foi o poder de Deus que empurrou aquela rocha.

Meu amigo, você é uma pequena semente. Você também pode se transformar em algo nobre e bonito para Deus O poder da fé pode ser manifestado em sua vida fazendo com que homens e anjos se admirem. No entanto, quando a batalha acabar e a vitória for ganha, não diga: *Olhe para o que eu fiz através do Senhor*, mas antes ajoelhe-se aos pés da cruz e diga: *Não é maravilhoso o que Sua graça e Sua fé fizeram em mim!*

Capítulo 5

FORÇA PARA SEU TRABALHO

O única força que me levou a escrever estas palavras é o desejo em meu coração de mostrar para você a necessidade de confiar em Jesus em todas as situações. Quantas vezes vemos a tragédia na vida de um cristão, que tem de ser reduzido, a fim de poder reconhecer novamente sua verdadeira posição na graça de Deus. A justifica própria, muitas vezes, nasce de vitórias seguidas. Sempre vencemos pelo poder de Deus e somos sustentados pela Sua graça, mas muitas vezes o sentimento de invulnerabilidade começa a se desenvolver no coração e o orgulho começa a alimentar o espírito de justiça própria. Tornamo-nos tão seguros de nós mesmos e da nossa posição, que não percebemos que entramos em terreno perigoso.

Aquele, pois, que pensa estar em pé, tome cuidado para não cair. (1 Coríntios 10.12)

Foram colocados à disposição do filho de Deus, os recursos da força que só Deus pode proporcionar. É o reconhecimento do milagre da ligação vital com Deus, com suas possibilidades ilimitadas, que significa vitória sobre o pecado e sobre o *eu* enquanto vivemos. Perder esse contato é perder não só a esperança, mas também a possibilidade de uma vida vitoriosa. Você é dependente de Jesus para tudo? *Ele dá aos seus enquanto dormem.* Aproveitar ou não as oportunidades que Sua presença oferece, depende inteiramente do entendimento sobre o segredo de se basear na força do mestre.

Volte às páginas da Palavra de Deus e obtenha um vislumbre dessa estupenda revelação nos tratos de Deus com os fiéis de Abraão. O primeiro versículo do décimo sétimo capítulo de Gênesis nos leva a uma compreensão do propósito fiel do coração divino em uma bela lição. A fé de Abraão estava sendo testada. Deus tinha feito uma promessa. Nunca em toda a eternidade Ele prometeu algo para alguém que fosse incapaz de ter a promessa cumprida! Dos lombos do antigo patriarca viria a semente através de cuja vida e serviço todas as nações do mundo seriam abençoadas. Numerosa como as estrelas do firmamento seria sua descendência. Sobre aquela criança devia ser colocada a mão do Senhor em bênção e poder.

Noite após noite o velho sonhava com o feliz dia em que aquela promessa se cumpriria. Mas as areias do ampulheta mediam a passagem do tempo. Os anos preguiçosos caminhavam e quão intermináveis eles pareciam. O menino não veio. O velho Abraão tinha noventa anos, mas ainda não havia se cumprido a promessa divina. Noventa e cinco, e Sara e seu marido esperavam em vão.

Então veio o ano em que ele aguardava com expectativa a virada do século. Ele tinha noventa e nove anos, e ainda não havia nenhum menino. A razão começou a sussurrar em seu ouvido. O chão começou a tremer sob os pés do velho. Sua fé começou a escorregar. Até ali sua caminhada tinha sido perfeita não em si mesmo, mas em seu Senhor. Presumo que mais de uma vez ele olhou para as mesmas estrelas que tinha visto na noite em que Deus lhe tinha dado a promessa, e as lágrimas enevoadas se espalharam como um filme através de sua visão, até que as estrelas pareciam se dissolver em um mar de tristeza e desapontamento. A razão disse: *Abraão, isto é impossível.* Pensou na idade de Sara. Ele ponderou sobre seus próprios anos avançados. Como a promessa poderia se cumprir? Ela ecoava na mente de Abraão! Uma longa e feroz raiva gerou uma batalha entre o coração e a mente do velho homem. Mas ainda assim a promessa do próprio Deus continuava.

EL SHADDAI

Uma noite uma voz falou ao coração de Abraão. Ele conhecia aquela voz. Ergueu os olhos embaçados e ouviu com sua fraca audição a incrível entonação da voz que lhe falara anos antes. Então Deus falou: *Eu sou o Deus Todo-Poderoso. Anda em minha presença e sê perfeito.* Que palavras! É notório que muitos judeus se recusam a mencionar este majestoso nome de Deus, El Shaddai, mas referem-se a essa palavra como O Nome. O que isso significa? A palavra El significa Deus, ou O Forte. Abraão poderia ser fraco, mas Deus era forte. Os homens podem ser movidos pelo poder das circunstâncias e pelas forças iníquas da vida. Mas Deus nunca. Ele é Forte. Mas o que há de bom nisso? Suponhamos que Deus é forte enquanto nós, fracos. Apoiando-nos em nossa fraqueza, miséria e fracasso, e olhando para Sua força só agrava a nossa condição perdida. Deus é forte e não há dúvida sobre isso, mas o que acontece com a nossa fraqueza? Então Deus falou com Abraão. Ele disse palavras gloriosas e maravilhosas que, como um arco-íris de glória, uniam o abismo entre o homem desamparado e o Deus onipotente. Ele disse: Eu sou El-Shaddai...

A palavra *Shad* é o hebraico para peito. Ele é usado invariavelmente em todo o Antigo Testamento para o peito de uma mulher. É o lugar de onde os lábios do bebê sugam o alimento que lhe dá a força. Não há imagem mais doce na Terra do que a de uma criança nos braços de sua mãe. Não há sinfonia mais bela do que o riso de um bebê. Faz parte da vida da mãe, carne de sua carne e osso de seu osso. A vida da mãe flui para o bebê. Sua força, amor, solicitude e cuidado fluem para a vida e o corpo do doce e pequeno ser que faz parte dela. Assim, um Deus eterno envolveu uma verdade infinita no vocabulário da Terra e deu-o como um presente para Abraão, para você e para mim.

O que Deus quis dizer foi: "Extraia de Mim", Abraão. Eu sou sua força. Eu sou seu sustento. Eu sou El, o Forte, mas também sou Shaddai, Aquele que nutre, o Doador da vida. Não há necessidade de vacilar, Abraão, não há necessidade de tremer em sua fé. Tira a tua fraqueza da minha fonte de força, assim como um bebê tira do peito de sua mãe o leite da vida. Não há necessidade de tropeçar na incredulidade, Abraão, mas anda diante de mim e sê perfeito, assim diz o Senhor.

Essa é a lição. Deus é a fonte, a fonte infalível do suprimento que é mais do que suficiente para todas as nossas necessidades. Dá graça para cobrir todo o nosso pecado, amor que perdoa toda a nossa iniquidade, unção que é suficiente para toda a nossa cura e força para toda nossa fraqueza. Acreditamos nisso, mas temos falhado. Acreditamos que Deus dá, mas não aprendemos a receber. A mãe dá o leite para seu bebê, mas o pequeno deve recebê-lo. A infusão da força divina com a natural depende de duas coisas: o conhecimento que Deus está disposto a dar e o seu aprendizado para receber. A lei da semeadura e colheita é infalível e grande verdade é que Deus está sempre pronto para atender todas as suas necessidades, se você está pronto para receber.

Louvado seja Seu nome, Ele ainda é El Shaddai! Acaso Paulo não nos adverte a nos tornarmos participantes da natureza divina? O próprio Deus não nos disse: minha graça te basta? Que caia por terra toda a nossa vã glória, nosso miserável orgulho espiritual e autojustiça, que é abominável. Deus nos ama e se entregou por nós, e anseia que aprendamos a dele retirar tudo o que precisamos para cada momento de nossos dias.

QUEM?

Vimos Elias frustrado em derrota e desgraça espiritual. Ele desistiu. O seu coração de leão foi derrotado na batalha das almas; e isso depois que ele havia enfrentado um exército. Então algo aconteceu. Devemos observar que ele andou por quarenta dias e quarenta noites sem comida, até Horebe, o monte de Deus. Com que força ele conseguiu? Quem disse a Davi para avançar em sua fraqueza natural contra o gigante Golias de Gate? Quem guiou a pedra que correu infalivelmente em seu caminho? Quem deu ao braço a força, e ao coração a coragem? Quem empurrou os muros de Jericó? E quem matou o exército de Senaqueribe quando o sírio desceu como um lobo no redil?

Quem livrou Israel, e quem os guiou no êxodo? Quem abriu as portas da prisão para Pedro e quem puxou para trás as cortinas da glória de Estêvão, e deu-lhe graça para orar pelos seus assassinos? Quem secou as lágrimas de Marta e derramou óleo no coração partido de Maria?

Quem salva nossas almas culpadas, quando nos ajoelhamos ao pé da cruz?

Quem transformou nossa escuridão em dia? Quem está ao nosso lado neste momento, pronto e disposto a dar graça e glória? Quem tem força para a nossa fraqueza, cura para as doenças, liberdade para a nossa escravidão e graça suficiente para cada necessidade? Quem pode ser? Somente Jesus.

El Shaddai ainda fala aos corações dos homens e, verdadeiramente, ainda podemos cantar suas glórias e reconhecer que é Dele a força que recebemos para vivermos. Extraia a vida de Deus, tome a graça que Ele tão alegremente nos dá. Ele é mais do que suficiente para todas as nossas necessidades, e é possível andar diante dEle e ser perfeito, não em si mesmo, mas em Cristo. Eu sei do que falo.

Foi um grande privilégio ser chamado pelo meu Senhor para pregar Seu evangelho sobre a Terra. A maior alegria da minha vida é ganhar almas, e é Ele quem me conduz e me dá força para a tarefa. Muitas das campanhas são executadas de oito a dez semanas, e às vezes o corpo fica muito cansado. Uma noite eu estava sentado no escritório em uma igreja, sentindo-me cansado e no final das minhas forças. No auditório uma grande multidão estava esperando o culto começar, e através das tábuas finas eu podia ouvir o murmúrio de pessoas em oração. Então a porta se abriu. Um ministro estava ali e disse: "irmão Price, há cerca de quinhentas pessoas aqui nesta noite que esperam ser ungidas, em nome do Senhor, para a cura."

Quinhentas pessoas naquele local e eu não tinha forças que precisava para pregar para uma. A multidão encontrou-se em nome do meu Senhor. Em meu coração, senti por um momento que poderia fugir. Então me perguntei se eu poderia despedir os doentes e dizer para voltarem outra noite. Olhei através de uma rachadura na parede, e lá eu vi os pobres sofredores à espera de um miserável humano como eu para dizer-lhes sobre Jesus. De repente meus nervos pareciam despedaçar-se. Eu caí de joelhos no chão e chorei: "Oh, Jesus, eu choro, eu não posso, eu não tenho forças. Estou tão cansado. Eu quero, Senhor, mas não estou preparado para esta tarefa."

Então eu ouvi aquela voz no fundo do meu coração: "Você não tem força... por que não pega a minha?" Por um momento eu pensei se aquilo poderia ser real.

Por que não? O Senhor não deu Sua força às pessoas nos tempos antigos? Por que não agora. Obrigado, Senhor, eu disse enquanto esperava pelo que Ele faria. Então eu senti um calor vir sobre o meu corpo. Subi à plataforma. Muitas vezes eu prego através de anotações, mas não naquela noite. Não havia cansaço, nem fadiga. Nada além do conhecimento consciente de Sua força.

Na fé eu assegurei aos doentes que todos seriam alcançados naquela noite. Quando chegou a meia-noite, eu ainda estava colocando essas mãos indignas sobre as cabeças humanas, em nome do Senhor Jesus. O poder do Senhor estava presente para curá-los, porque o próprio Senhor estava ali. Então veio o último. Eu orei e declarei a bênção. Ele foi para casa. Quando eu estava prestes a parar, voltei a ficar consciente de um grande cansaço. Mas eu não estava tão cansado a ponto de não poder cair de joelhos e agradecer a Ele pelo que Ele tinha feito naquela noite. Ele ainda era El Shaddai. Eu sabia que Ele tinha dado Sua força para enfrentar minha fraqueza. Ele vai encontrar sua fraqueza também. Ele irá satisfazer todas as suas necessidades, e liberará muitas bênçãos àqueles que andam na retidão.

Um dos requisitos para receber a força que Ele pode dar é que você sinta a necessidade dessa força. Nossa crença Nele é convicção pessoal, e quando chegamos na base de Sua virtude, Ele nos dá Sua fé. Nós não olhamos para Jesus, mas para dentro dele.

Muitos o seguem de longe. Eles olham para Ele, mas não estão perto o suficiente para se achegar a Ele. Eles ficam à margem enquanto dissecam credos, lidam com dogmas, contendem com outros sobre interpretações e perdem assim a doçura de Sua presença.

Dois homens vieram a mim uma vez com uma pergunta controversa, e pediram minha opinião a respeito de algo. Ouvi suas declarações, e quando terminaram tive que reconhecer que eu não sabia a resposta. Então eu disse:

– Irmãos, o importante não é o que vocês acreditam, mas em quem vocês creem.

Talvez, a princípio, você esteja inclinado a discordar dessa afirmação com base no fato de que o que você acredita é de enorme importância. No entanto, quando você finalmente chegar aos portais de nossa casa nos céus, você não vai dizer aos anjos que subiu ao céu nos degraus da escada do credo, mas vai testemunhar que você está em casa por causa daquele que morreu por você em uma Cruz no Calvário.

O QUE SERÍAMOS SEM CRISTO?

Você aprendeu a lição de extrair de Jesus o necessário para sua vida? Você encontrou a doçura de permanecer no Senhor? Você chegou à conclusão de que, afinal de contas, é um fracassado miserável? Você chegou ao lugar da consciência de sua grande necessidade, e sua lamentável falta de força para vencer? Você não preferiria estar no lugar do publicano nos degraus do templo do que nos sapatos usados pelo fariseu, que se sentia tão forte em sua justiça e tão orgulhoso de suas ações? Somente quando diminuímos Jesus pode aumentar. Isso significa diminuir nosso eu, nossa autoestima e nossa autoconfiança. A casa que foi construída sobre a areia sentiu orgulho de si, até que o vento começou a soprar e a tempestade mostrou sua raiva.

A casa que estava construída sobre a rocha não se importava com a tempestade, com ventos ou ondas batendo. E quando os vendavais começaram a flagelá-la, pôde, tendo feito tudo, permanecer no dia mau. A força não estava na casa, mas na rocha. Não foi a casa que deu à rocha sua força, mas foi a rocha que deu força à casa.

Cristo pode ser seu tudo, não só na imagem que está enquadrada na moldura de uma bela teologia, mas também na prática e na realidade e em cada momento dos dias que se passam. Ele convida você a prová-Lo. Ele te admoesta a testá-Lo. Por que ficar vazio quando você pode estar cheio até transbordar? Por que estar com fome quando você pode estar satisfeito? Por que vaguear como uma criança perdida nos áridos desertos de vida, chorando porque você não consegue encontrar o caminho? Melhor, de longe, é segurar a mão de Deus e ouvir o sussurro de Sua voz divina: "Siga-me, vou guiá-lo para casa".

Então, coisas inimagináveis, até mesmo para ficções árabes, em Cristo tornam-se reais. O deserto se transforma em uma trilha de flores, e os pulsos do coração puxam as cordas do sino do céu até que a música dos céus é ouvida novamente pelos ouvidos mortais. As colinas rochosas são apenas os caminhos que levam para cima, para um lugar confiante de transfiguração, juntamente com os santos. Como amamos aquele que nos guia, e que guia cada vez mais em cada passo do nosso caminhar.

Oh, minh'alma, não se vanglorie agora nem nunca de suas realizações! A luz que emana dos nossos labores parece fraca e escassa diante da luz que flui de Cristo. O trabalho das nossas mãos humanas é esquecido enquanto olhamos com lágrimas nas mãos que foram feridas no madeiro. Os títulos e diplomas que carregamos com orgulho ficam envergonhados, quando veem a inscrição no topo da Cruz. As coisas que fazemos ficam tão pequenas em comparação com as coisas que Ele fez. Quão maravilhosa é Sua liderança! Quão admirável é Sua graça! Quão longe do alcance da mente não iluminada, pelo poder do Espírito Santo, está a verdade que aqui e agora Ele está disposto a dar mais do que suficiente para satisfazer todas as nossas necessidades. Ele faz isso agora. Ele ainda é El Shaddai, o Deus que é o suficiente.

Em uma reunião durante um retiro uma senhora idosa ouviu as verdades que mencionei nos parágrafos anteriores. Ela estava tão doente! Por algumas vezes ela foi ungida, mas sem sucesso. No final da reunião, eu a vi sentada quieta, mas a expressão em seu rosto me contou o conflito interior.

De repente, ela apertou as mãos em oração e disse de forma tão marcante: "Oh, Jesus, durante tanto tempo tenho provado desta minha pobre fé. Por favor, me dê um pouco da Sua fé." Ele o fez! Esse é o segredo da vitória cristã. Esse é o segredo da superação. Temos que colocar nossos fardos em Seus pés para deixá-los lá e nunca mais pegá-los. Esta é a confiança que o Senhor deseja que tenhamos. Essa é a mensagem do Deus que é suficiente. Suficiente para quem? Para você, é claro. Suficiente para quando? Para agora, é claro. Essa é a provisão de El Shaddai! Então, como você caminha diariamente ao longo da estrada do tempo para os portais da eternidade, você andará consciente do céu na Terra. À medida que você se aproxima do dia em que poderá dizer aos anjos que chegou, os cânticos de graça e glória ressoarão por todos os lugares em que estiver.

Capítulo 6

AS SUAS MONTANHAS SÃO MOVIDAS

A estrada de Betânia serpenteia ao redor de montanhas, subindo cada vez mais em direção a Jerusalém. Na outra direção, ela serpenteia para baixo, em direção ao estreito desfiladeiro e à terra rochosa e inóspita que se estende até às planícies de Gilgal e do Mar Morto. Um dia, Jesus e os Seus discípulos estavam caminhando por aquele caminho em direção a Jerusalém. Jesus estava com fome.

Imagine Deus estar com fome em um mundo no qual tudo o que cresceu estava lá por causa de Sua própria mente criativa e poder. Mas Jesus também era humano. Quando Ele deixou Seu trono e Sua coroa real, foi para compartilhar com os homens as alegrias e tristezas e até mesmo os problemas da vida cotidiana. Ele não só conhece todos os nossos problemas, mas também os compartilha conosco.

Na encosta havia uma figueira cheia de folhas. O Mestre e Seus discípulos aproximaram-se daquela árvore para ver se havia figos ali. Não havia nada senão folhas. Nenhum fruto pendia em seus galhos. Nenhum figo se apresentava aos olhos. Era uma figueira sem figos. Então o Senhor a amaldiçoou e declarou que nenhum homem dali em diante comeria do seu fruto, pois nunca mais ela iria frutificar. Agora, por que Jesus fez isso? Ele sabia que não havia figos nela antes que Ele se aproximasse. Se ele pôde ver Nataniel debaixo da figueira quando estava fora da vista, ele não poderia ver figos na figueira, sem mesmo estar próximo?

Jesus nunca teve atitudes sem propósito. Houve motivos em volta de todas as Suas palavras e obras. E também havia um significado naquele incidente. Havia uma lição que Ele queria trazer aos discípulos, pois se a situação tivesse sido desprovida de ensinamento, isso nunca teria acontecido. Havia uma lição que Ele queria reservar para você e para mim, pois se não houvesse tal motivo, não teria ocupado um espaço tão precioso dentro da Palavra Sagrada? Qual foi a lição, e por que foi ensinada?

Foi meu Senhor com Seus seguidores para Jerusalém. Do templo foram expulsos os mercadores que profanavam o lugar sagrado com suas mercadorias. No dia seguinte estavam de volta à estrada de Betânia. Pedro viu a figueira e notou que estava morta e seca. Em espanto e surpresa, clamou: *Mestre, eis que a figueira, que tu amaldiçoaste, secou.* Apontou para a figueira e chamou a atenção para o fato de que ela estava seca. Então Jesus não falou somente a Pedro, mas a todos eles. Aqui estava o propósito. Aqui estava uma lição objetiva que Deus, que se tornou homem, iria usar para que os homens pudessem entender a Deus em sua humanidade. Havia um motivo por trás da maldição da árvore. Então Jesus disse: *Tende fé em Deus.*

Ao meu lado está o meu Novo Testamento em grego. Permitam-me citar textualmente essa frase inteira na ordem em que as palavras estão, lembrando que a estrutura das frases gregas é diferente do português. Aqui está a frase no grego: "E respondendo Jesus, disse para eles: tenham fé em Deus". Essa é a tradução real, palavra por palavra do original.

Então o Mestre passou a dizer-lhes que se eles tivessem tal fé, não só uma pequena figueira secaria no exercício dessa fé, mas que as montanhas poderiam ser movidas e lançadas no mar. A lição era a do poder irresistível da fé que vem de Deus. Na verdade, era uma fé que movia montanhas. Um dos requisitos, como você verá ao ler o registro em Marcos 11.22-26 é que não há dúvida no coração sobre a consumação do milagre, mas uma certeza de que aquilo que você deseja, basta orar, e acontecerá. Quando essas condições são atendidas, então o milagre ou o que quer que seja tem que acontecer, porque por trás de tudo está a Palavra de Deus, e por trás da Palavra de Deus está o Seu poder. É Seu poder que fez a figueira, a montanha, e tudo que existe. Pois foi a mente criativa do Eterno, que trouxe à existência todas as coisas. Sua palavra trouxe do caos o cosmos.

Agora, pedimos a Deus que envie o Espírito Santo com a verdade divina e traga a luz iluminadora de Sua presença para nossas mentes e nossos corações. Geralmente interpretamos a escritura "tenha fé em Deus", para mostrar que temos confiança no poder de Deus para mover uma montanha. Dizemos em nossos corações: se eu tiver fé em Deus; se eu puder acreditar o suficiente; se eu puder tirar a dúvida do meu coração... então Deus moverá aquela montanha.

UMA IMPOSSIBILIDADE

Você está tentando fazer o impossível. Sua fé nunca seria suficientemente forte ou pura para realizar algo, embora você lutasse por um milhão de anos. É um erro pensar que nossa crença em Deus pode ser chamada de fé. Como meu coração se abateu quando vi alguns dos queridos filhos de Deus lutando para acreditar na vitória sobre a doença, porque eles não discerniram a diferença entre a crença no poder de Deus para curar (qual crença até mesmo os demônios têm) e a fé de Deus que traz a vitória. Há muita diferença entre o que chamamos de fé do homem em Deus e a fé de Deus que é transmitida ao homem. Tal fé não é resultado do esforço, nem é nascida da luta.

Se é a fé de Deus, então a obtemos Dele, e não de nossas atitudes ou afirmações. Jesus não disse: "se você tem o poder de acreditar que Deus irá remover aquela montanha, então Ele o fará". Ele também não disse: "se você pode crer o suficiente para que seja feito, então será feito". Mas Ele disse: "Tende fé em Deus". Em outras palavras, obtenha um pouco da fé de Deus, e quando alcançá-la, terá o único poder com que se pode mover as montanhas e lançá-las.

Na segunda parte da declaração de Jesus, Ele fala não em duvidar em seu coração, mas crer que se fará aquilo que diz. Uma parte é impossível sem a outra. Você simplesmente não pode crer separado das dúvidas até que tenha a fé de Deus. É preciso a fé de Deus para limpar o coração humano de todos os medos e dúvidas.

As lutas e os gemidos que ouvimos provêm de pessoas que tentaram acreditar que as coisas poderiam ser feitas sem a fé de Deus! Eles podem ter confiança em Seu poder e até crer em Sua promessa, mas possuir Sua fé é outra coisa.

Tudo isso me levou a acreditar que é muito mais importante buscarmos aquele que cura do que a própria cura. À medida que a vida se esvazia do mundo e de seu contato, surge espaço para as coisas que Deus pode dar. Você notou que no final da declaração que nosso Senhor fez aos Seus discípulos sobre a fé que move as montanhas, Ele lhes diz para perdoar a todos contra quem pode haver algum rancor ou ressentimento? Por que Ele diz isso em conexão com a grande lição sobre a fé que move montanhas? Não é por causa do fato de que, quando Deus nos conceder a Sua fé, Ele não quer encontrar um canal sufocado pelo ódio ou um espírito que não perdoa?

As fragilidades da natureza humana nos cercam de todos os lados, e o nosso bom Deus sabe que elas assim o fazem. Que paciência e cuidado Ele tem conosco! Quantas vezes Sua graça está ao nosso redor como um cobertor que cobre nossas imperfeições, e ouvimos Sua voz de amor quando não a merecemos. Como um pai se compadece de seus filhos, assim o Senhor se compadece dos que o temem. Não quero dizer que Ele exija perfeição na vida e na conduta antes que Ele conceda a Sua graça, mas talvez existam coisas que Ele exigirá de nós para que Suas bênçãos sejam dadas. Um Deus de amor infinito e eterno não quer a maldade no coração de Seus filhos. Como podemos, nós que fomos tão perdoados, nos recusar a perdoar aqueles que porventura pecaram contra nós?

O significado deste assunto é claro. Deus está dizendo que, se quisermos receber a fé que vem Dele, então devemos perdoar a todos os que nos ofenderam... É nesse coração rendido que, quando a alma grita sua necessidade e mostra sua impotência, a bênção da fé de Deus é depositada, e juntamente com a fé o entendimento que ela se faz presente.

A HISTÓRIA DA PROFESSORA

Me lembro muito bem de uma mulher que veio às reuniões há alguns anos atrás buscando oração e cura. Parecia ser uma pessoa tão nobre, e sua família a amava com entusiasmo e carinho. Uma noite oramos por ela em nome do Senhor Jesus e ela foi embora aparentemente feliz. Ela disse que estava firme nas promessas de Deus, mas não foi curada. Com o passar dos dias, duas de suas filhas vieram me ver e imploraram para orar novamente. De fato, elas estavam quase histéricas em sua ansiedade e desespero. Elas amavam sua mãe, e sabiam que Deus era a única esperança. Me pediram para ungi-la mais uma vez. Eu fiz!

Nunca me esquecerei das súplicas e dos gemidos frenéticos daqueles queridos, enquanto invadiram o trono da graça. Elas tentaram crer, mas pareceu tudo em vão. A pobre enferma limpou as lágrimas de seus olhos enquanto cantamos *"Jesus Breaks Every Fetter"* (Jesus rompe todos os obstáculos), mas fomos embora do encontro sem qualquer resposta evidente à nossa oração. Passaram dois dias. Então ela chegou cedo para a reunião, e parou em frente à porta do meu escritório. Ali estava uma mulher diferente! Seu rosto estava iluminado pelo brilho da glória em sua alma. Você foi curada! – eu disse.

Ela sorriu e respondeu:

– Não, ainda não, mas serei hoje à noite. Tenho orado muito e creio que meu Senhor quer me tocar hoje à noite durante a reunião, para que todos vejam que Ele é fiel.

Não mais parecia haver luta dentro dela, mas sim, um doce e lindo descanso no Senhor. Então ela me contou sua história.

Quebrada e esmagada, ela chegou à exaustão e não havia mais o que fazer. Dias antes, após uma reunião de oração, já em sua casa, se ajoelhou ao lado da cama e orou: "Querido Jesus, tentei ter fé mas não consigo. Eu falhei, querido Senhor, e ainda creio em Sua promessa e em Sua Palavra. O irmão Price tentou, mas ele falhou. As pessoas no culto tentaram, e eles também falharam. Para onde eu posso ir? O que eu posso fazer? Fale comigo, Senhor. Minha única esperança está em Ti."

Então ela lembrou de uma mulher que a sucedera como professora de uma classe de jovens. No fundo de seu coração, se desenvolveu uma raiz de amargura contra aquela mulher que ganhara os corações dos jovens, que antes eram dela. Era inveja? Era ciúme? Ela não sabia, mas sabia que, com a passagem dos meses, o sentimento se intensificara. Mas agora ela refletia e conseguiu ver a verdadeira condição do seu coração. Talvez ela tenha ouvido o Mestre dizer que quando estivesse orando, que perdoasse.

Então naquela mesma tarde, passou uma hora em oração com aquela mulher que antes tinha despertado sentimentos ruins, mas agora, Deus colocava um profundo e belo amor cristão por ela. Maravilhoso tempo de oração! Lindo lugar de comunhão, onde conversamos com Deus e em que Ele nos fala! As feridas foram curadas! A inveja se derreteu e o amor de Jesus entrou. Quando finalmente chegou em casa, ela disse à família durante o jantar que seria curada naquela noite. Ela sabia disso, mas não sabia como sabia. A consciência era tão real quanto a própria vida. Não havia nenhuma dúvida sobre aquilo. Não houve intercessão. Isso era coisa do passado. Não havia agonia e súplica. Estava feito, mas ainda não tinha acontecido! Esse é o paradoxo da fé. Então ela me disse:

— Meu irmão, você sabe o que Jesus fez?

— Eu sei que meu Senhor faz todas as coisas bem — foi minha resposta.

— Ele me deu sua fé. — ela disse — Honestamente, não sei em que momento a recebi, mas louvo o Seu nome, eu sei que Ele está aqui.

Naquela noite as brisas celestiais sopraram. Naquela noite o Cristo da estrada da cura tocou com poder da Onipotência o corpo doente e cansado de sua filha necessitada. Naquela noite um câncer foi arrancado pelo toque divino. Uma montanha foi movida pela fé de Deus que tinha sido dada à uma mulher doente.

BUSQUE A SAÚDE, NÃO A CURA

Nossa principal dificuldade é que buscamos a cura em vez do Médico dos médicos. O que serve procurar luz mas desprezar o sol. A mulher, relatada nas escrituras, que tinha o fluxo do sangue, não estava lutando para agarrar uma tábua de salvação pelo poder da compreensão mental. Tudo o que ela queria era chegar a Jesus. Todos os pobres, cegos e miseráveis da estrada de Jericó fizeram uma multidão e rasgando seu coração choravam seu próprio desamparo, e sua fé no amor, poder e compaixão de Jesus de Nazaré. Mesmo que o nosso Senhor tenha dito que foi a fé da mulher que tinha feito o milagre, tenho certeza de que a fé que ela tinha, foi dada pelo próprio Senhor Jesus.

6. As Suas Montanhas São Movidas

Pode um homem gerar fé suficiente para encontrar a cura andando alguns metros na estrada empoeirada de Jericó? Foi a presença do Nazareno a fonte da fé naqueles dias. É a presença de Jesus a fonte de fé nestes dias de dúvida e incredulidade em que vivemos, pois Jesus disse: *Sem mim nada podeis fazer*.

É uma grande verdade que os discípulos de Jesus amam ler o capítulo 12 de Romanos. O capítulo menciona possibilidades maravilhosas no padrão de vida separada e consagrada a Cristo! É o tipo de evangelho, no entanto, que os cristãos carnais não gostam de entrar em contato. Paulo implora aos cristãos que importunem os filhos do Senhor a continuar do bom para o melhor e do melhor para o ótimo. Não devemos nos conformar com este mundo, mas devemos ser transformados, transfigurados. Isso tudo provocado pela renovação da mente. A palavra grega é renovação. Quando você renova um gramado, arranca o velho e coloca um novo. Esta renovação é necessária na vida cristã antes que possamos provar qual é a boa, agradável e perfeita vontade de Deus (Romanos 12.2).

Quando isso acontece, qual deve ser a nossa atitude? Paulo continua: *Porque, pela graça que me é concedida, digo a cada um dentre vós que não saiba mais do que convém saber, mas que saiba com moderação, CONFORME A MEDIDA DA FÉ QUE DEUS DISTRIBUIU A CADA UM* (Romanos 12.3). Que palavra! Deus lida com cada pessoa conforme a medida de fé. Que medida? Quanto? Isso depende dos versículos um e dois. Eles vêm antes do versículo três. O ponto é que Deus dá a fé. Ele mede a fé! No grego, em uma tradução de palavra por palavra, diz: a cada um Deus dividiu uma medida de fé.

Em uma tradução mais moderna podemos dizer: de acordo com a quantidade de fé que Deus atribuiu a cada um.

Você percebe como somos tolos em lutar e tentar crer racionalmente, quando devemos, de acordo com a Palavra, crer espiritualmente? Existe fé racional, mas a mente renovada vai dizer Amém somente para as obras da graça, pela fé. Fundamentalmente, a fé nasce no coração. O coração aceitará o desarrazoado. Ele acredita que o que a mente diz é impossível. Ele chama as coisas que não são como se já fossem.

A fé deu força ao braço de Noé para construir por cem anos, quando não havia sinal algum de inundação. A fé enviou um exército marchando em torno dos muros de Jericó, enquanto a razão dizia que levaria um milhão de anos para derrubar os alicerces pelos ruídos dos pés que marchavam. A fé empurrou uma nação para dentro de um mar profundo e impenetrável, apenas para descobrir que o balanço do oceano se dobra diante do poder onipotente de Deus, e que o caminho dos homens pode ser afundado nas profundezas do mar. A fé enviou homens, que não retrocederam, em fornalhas de fogo, e preservou outros em covil de leões. A fé perseguiu a morte durante o funeral de algumas pessoas, e trouxe de volta a vida que havia saído. Fé! A fé de Deus!

Pode um copo de chá conter um oceano? Pode um grão de areia envolver um planeta? Pode o meu pobre entendimento compreender a glória de um Deus onipotente? Somente quando o Seu amor divino me é dado, somente quando Ele se revela a mim, eu consigo entender e, somente em parte, a plenitude de Sua glória. Somente quando Ele oferece o Seu perdão, eu sou salvo. Somente quando ele concede Sua força, posso combater o bom combate. Somente quando Ele dá Seu amor, posso perdoar meus inimigos. Somente quando Ele me levanta, posso me elevar acima do mundo da tristeza e do pecado. Grande é o mistério da piedade, e maravilhoso, além de nossos sonhos, o Plano de Sua Redenção!

Caro leitor, no final do caminho do eu, você O encontrará esperando. O Autor e Consumador de sua fé está disposto a conhecê-lo naquele lugar. Existem lágrimas que te acompanham, existem dores, sofrimentos e decepções, que são dons de um mundo desprovido de fé e vazio de amor a Deus. A trilha iluminada pelo sol onde Jesus está, é brilhante e gloriosa com a luz de Sua presença! Confie Nele. Receba Sua graça. Creia nas promessas Dele. Ele é o Doador de todo o dom perfeito e de toda a boa dádiva. A estrada que você vai andar juntamente com Ele, brilhará cada vez mais até o dia perfeito!

Se você for salvo, será porque Ele te salvou. Se você tiver cura, será pela Sua virtude. Se você tiver fé, que seja porque ela flui do coração de Jesus para o seu. Essa é a única fé que pode mover sua montanha. E você pode tê-la, pois Ele vai te dar isso!

Capítulo 7

DEUS QUER FACILITAR

Acredito que é mais fácil chegar a Cristo e pedir que Ele conceda a fé, do que se esforçar para conseguir a fé pelos próprios méritos. Não podemos ignorar as declarações de Jesus ou interpretá-las de forma errada, pois os resultados são terríveis quando isso acontece. Devemos reconhecer que, nos exemplos e mais exemplos que Cristo nos deu, mencionou a fé das pessoas que vinham até Ele. Em algumas ocasiões Ele os elogiava na Sua própria maneira, porque eles tinham fé. Minha pergunta não é se eles tinham ou não a fé, mas sim, onde eles a conseguiram?

Sansão recebeu muita força, e com ela realizou feitos poderosos que eram sem dúvida sobre-humanos. Mas de onde veio aquela força? Sansão foi um exemplo, de forma física, do que somos admoestados a sermos de forma espiritual. Seja forte no Senhor, e na força do Seu poder. Paulo declarou que era forte, mas continuamente reconheceu sua fraqueza, e disse que podia fazer todas as coisas através de Cristo que o fortalecia.

Você lembra do episódio da pesca milagrosa?

O amanhecer cinzento estava pairando sobre as águas azuis do mar da Galileia. Os discípulos haviam trabalhado a noite toda em suas próprias forças, e não haviam pescado nada. Enquanto eles navegavam para a costa, o estranho da Galileia aparecia ao longe contra a encosta verde, esperando a chegada dos homens que haviam fracassado em seu trabalho. Então, Sua voz soou:

– Filhos, tendes alguma coisa para comer?

Mas eles não tinham. Estavam voltando absolutamente vazios da longa e cansativa noite de trabalho. Ele sabia disso. Ele sabia que nenhum peixinho havia sido pego como recompensa das longas horas de trabalho. Então, Ele lhes disse para lançar a rede para o outro lado do barco.

Eles obedeceram e seus olhos devem ter se arregalado de forma incrível quando perceberam que havia peixes se prendendo à rede. Eles não conseguiam puxá-la. Em um minuto pegaram mais peixes, seguindo as instruções de Jesus, do que haviam pescado em uma noite toda no seu próprio esforço. História maravilhosa, não é?

Sim, mas não cheguei à parte mais impressionante! A parte mais inacreditável, mas gloriosamente verdadeira de toda a narrativa aparece na próxima declaração de Jesus.

Fala sobre generosidade! Fala sobre favor e bondade! Ele disse:

– Trazei alguns dos peixes que apanhastes.

Quem pescou aqueles peixes? Jesus disse que foram eles. Mas eu pergunto novamente: quem pescou aqueles peixes? Você sabe, assim como eu, quem foi que os pescou. Foi Jesus. No entanto, Ele disse que eles os pescaram. Assim Ele fala da nossa fé e do nosso amor, das coisas da nossa vida, como se nada fôssemos longe dele.

AS PERFEIÇÕES DE DEUS

Certa mulher, que, havia doze anos, vinha sofrendo de um fluxo de sangue, e que tinha padecido muito com muitos médicos e gastado tudo quanto possuía, sem nenhum proveito, antes piorando, ouvindo falar de Jesus, veio por trás, entre a multidão, e tocou em suas vestes, porque dizia: Se tão somente eu tocar em suas vestes, serei curada. (Marcos 5.25-28)

O texto de Marcos nos dá uma bela ilustração da grande verdade sobre a fé. Alexander Maclaren, ministro inglês do século 19, disse: *A essência desta história parece ser a ilustração que mostra a capacidade de uma fé imperfeita e o modo misericordioso de Cristo em fortalecer tal fé. A mulher, enquanto Jesus passava, tímida e encolhida, se dirigiu para um lugar onde podia tocar o manto Dele. Será que ela acreditava que algum tipo de poder especial estava conectado com o Seu manto?*

Depois que o contato foi feito, ela sentiu vontade de se extraviar no meio multidão. Toda a forma de sua abordagem é uma evidência de que ela não tinha aquilo que temos hábito de chamar de fé. Ela não pediu que Ele falasse uma palavra! No entanto, em sua pobreza e ignorância, ela se aproximou do Senhor e o tocou. Ela foi curada instantaneamente! O texto afirma que a virtude saiu de Cristo, para que a cura e o milagre pudessem ser consumados.

Toda a mensagem da história é o fato de que tal cura não depende do desenvolvimento de uma fé perfeita por nenhum processo próprio, mas sim, do contato com Jesus, que é o Autor e Consumador de nossa fé, e o doador de toda boa dádiva e todo dom perfeito.

Permita-me novamente citar algo que dr. Maclaren disse: *"O poder e a vitalidade da fé não são medidos pela força e clareza da convicção. O solo mais rico sofre os difíceis tempos de seca, e na areia árida com a camada mais fina de terra, cactos lindos podem florescer, e aloés carnudos levantam seus ramos com reservas de umidade para ajudá-los a aguentar o calor. Não devemos mencionar qual quantidade de ignorância pode ser destrutiva para a verdadeira confiança em Jesus Cristo. Mas devemos perceber a curta distância que os nossos olhos podem enxergar, afinal, a grande maioria dos homens, que se dizem cristãos, conhecem a verdade teológica e mesmo assim quão ampla são as diferenças de opiniões. Quando conseguimos subir barreiras para além das quais, nossas fracas faculdades não podem passar nem o olhar, devemos nos alegrar em saber que uma fé que está nublada com a ignorância ainda seja uma fé que Cristo aceita."*

Esse é o meu ponto. Ele preenche a falta. Ele supre o necessitado. Quando Jesus desceu a montanha depois do episódio da transfiguração, encontrou um pai miserável, infeliz e um grupo de discípulos impotentes tentando fazer pela fé o que só poderia ser feito pela fé do Filho de Deus. O homem foi honesto quando disse: Eu creio, Senhor! Ajuda minha incredulidade. É ainda repetida a cena dos discípulos, lutando e gritando, repreendendo e tentando expulsar o demônio sem sucesso, várias vezes nos dias atuais. Mas quando Jesus operou, quão rápido e lindamente toda a atmosfera foi transformada.

Cessando a tempestade, veio a calmaria. Cessando a tempestade, nasceu uma bela paz. Jesus era o Mestre da situação, e feliz foi o homem que viu naquele dia a aproximação de um coração terno movido de compaixão e transbordante de amor divino. O essencial é que conversemos com Jesus. Deve cessar a nossa luta e passar da intercessão para a confiança Nele, e Ele vai transmitir a fé que só Ele pode dar.

Por mais de vinte anos eu tenho conduzido campanhas em que um lugar de destaque é dado à oração pelos doentes e sofredores. Para esse ministério meu Senhor me chamou, e para esse chamado, eu respondi com todo o meu coração. Para Sua glória e louvor, eu testemunho que vi olhos de cegos se abrirem. Os milagres do poder divino levantaram aleijados e paralíticos de suas cadeiras e camas, e os cânceres e os tumores foram aniquilados pelo poder de cura de nosso maravilhoso Senhor.

Mas sabe o que percebi? Todos os grandes momentos de cura foram precedidos por noites de consagração e tempos de oração. Quando as multidões se lançaram à frente, buscando cura, as reuniões foram difíceis. Quando eles buscaram o Curador, ao invés de curar, a doçura de Sua presença quebrou o poder do inimigo, e a luz de Sua presença derreteu o gelo que dominava o coração. Pode ser a auto piedade, ou mesmo o amor próprio o que nos leva aos pés de Jesus, mas todo o nosso ponto de vista é transformado quando estamos lá, e finalmente podemos vê-Lo!

O POBRE E O RICO

Os pobres e necessitados receberam muitas coisas boas, mas o rico Ele despediu vazio.

Um aleijado foi levado às nossas reuniões há alguns anos atrás. Aqueles que o trouxeram me disseram que ele era um homem possuidor de toda a fé no mundo e que era conhecido na comunidade por suas boas obras. Era um homem de vida correta e, sem dúvida, amava o seu Senhor, mas havia algo que ele precisava, e deveria participar de mais algumas reuniões para que seu Mestre revelasse o que ele realmente deveria conhecer.

Como oraram por aquele paralítico! Lembro-me agora, de como ele lutava para se levantar em resposta às súplicas das pessoas. Muitas vezes me ajoelhei ao lado de sua cadeira e repreendi o poder que o amarrava. Os dias passaram e, no entanto, nenhum sinal de sua cura aparecia, nada veio dos céus em resposta à oração. Uma tarde, eles o levaram a um lugar no prédio onde eu estava e ele pediu às pessoas que nos deixassem sozinhos, e depois disse algo que permaneceu gravado na minha memória.

– Como sou fracassado – ele declarou. – Eu vim aqui convicto no que pensei que era minha fé no Senhor. Enquanto olho profundamente para dentro do meu coração, encontro algo sobre o qual eu desejo confessar. Quão pobre e miserável eu sou. Fiquei espiritualmente orgulhoso do fato de que as pessoas me apontavam como um homem que sofreu sem se queixar. Eles me apontavam como o homem que nunca murmurou, embora tivesse uma cruz a carregar. Fiquei orgulhoso da minha reputação e agora vejo que o que eu agarrei foi a auto justiça, ao invés de buscar a justiça do meu Senhor.

Ele colocou as suas mãos no rosto e chorou. Havia algo tão comovente envolvendo a vida daquele pobre homem, que as lágrimas brotaram em meus olhos. Estendi as mãos e as coloquei na cabeça dele e comecei a orar. Orei pela sua cura, e enquanto orava, ele me deteve: – dr. Price, não preciso de cura tanto quanto eu preciso de Jesus. Estou com muita fome e sede de Sua presença. Mais do que qualquer outra coisa na minha vida eu quero conhecê-lo melhor, e estou contente por passar os meus dias nesta cadeira, e apenas Ele inundará esse coração justificado com a Sua paz e amor. Então eu assisti o aleijado na cadeira de rodas indo embora.

7. Deus Quer Facilitar

Ele se afastou silenciosamente, e meu coração foi com ele, enquanto o levaram para fora do prédio. Durante todo o caminho, meu coração estava cantando para Ele o hino:

Savior, Savior, hear my humble cry;
While on others Thou art calling,
Do not pass me by!
(Salvador, Salvador, escute meu humilde clamor;
Enquanto aos outros você está atendendo,
Não passe por mim!)

A um coração quebrantado e contrito não desprezarás, ó Deus! Quão doce é chegar ao fim de si mesmo! Quão maravilhoso, depois de ter tentado pescar a noite toda e não pegar nada, é encontrá-lo nos esperando na costa! Quão graciosa é a voz que nos diz para lançar as redes no lado direito do barco, para que nossa alegria seja completa! O que determina qual é o lado direito de um barco? É a forma como se está navegando, é claro. Em breve você descobrirá onde é o lado direito e se seu barco realmente está indo em direção a Jesus. E o barco deve estar vazio, para você colocar o Nazareno a bordo.

Poucos dias depois eu estava saindo do prédio em companhia do dr. Manchester, o homem que conduziu a cerimônia de enterro do presidente McKinley[1]. Na porta do auditório, sentou o homem na cadeira de rodas, esperando pacientemente que as portas se abrissem para a reunião da noite. A reunião da tarde terminou. O dr. Manchester olhou para o rosto do homem incapacitado e parou. Então o dr. Manchester se aproximou dele e eu segui.

---

1   William McKinley foi o 25º presidente dos Estados Unidos, de 4 de março de 1897 até seu assassinato em setembro de 1901.

– Você está vindo para a oração? – o dr. Manchester perguntou.

– Para a oração e para receber a cura – foi a resposta do aleijado.

Havia algo diferente no homem. Sua voz, seus olhos, um olhar de glória refletida em seu rosto. Eu sabia que algo havia acontecido.

– Diga-me – eu disse – o que aconteceu? Meu irmão, discerni que você experimentou algo que é tão maravilhoso que posso sentir a glória, embora eu não saiba o que é.

Então ele me disse que estava com Jesus. Ele passou a noite em oração não apenas em intercessão, mas em louvor e adoração. Me disse que às quatro da manhã uma consciência da presença de seu Senhor o dominara. Ele sabia que Jesus estava em seu quarto de uma maneira especial. Ele me contou como sua voz em adoração tinha começado a louvar o Senhor. Ele disse que se tornou consciente de uma infusão da Vida Divina. Algo passou de Jesus para ele, e sentiu como se uma névoa tivesse se afastado de seu coração e mente. A partir daquele momento, ele sabia que suas lutas haviam acabado, e uma paz doce e sagrada foi envolta em torno de sua alma. Ele nos disse que sabia que a força fluiria de Jesus, e a vida divina seria dada para restaurá-lo à saúde e à força, por isso esperava a reunião da noite para receber mais uma vez a unção com óleo.

Quando olhei para o rosto do dr. Manchester, percebi que as lágrimas estavam em seus olhos. Então ele falou:

– Por que esse homem tem que esperar até hoje à noite?

– Ele não precisa – eu respondi. – O Grande Médico está aqui. Jesus de Nazaré está passando!

Um momento depois o sofrimento havia acabado. O homem saiu da cadeira de rodas, correu, pulou e louvou ao Senhor pela sua libertação. Era um milagre do poder divino. Ao redor dele, na rua cheia de neve, homens e mulheres se reuniram, primeiro para louvar e depois para orar. Os não salvos estavam quebrantados, e muitas eram as lágrimas de alegria derramadas!

Muitas vezes estive com grupos de discípulos ao pé de uma montanha, e como meu coração pôde testemunhar a diferença que faz quando se está desamparado e Jesus vem ao nosso encontro!

NOSSAS ORAÇÕES RESPONDIDAS

Você sabia que suas orações podem ser respondidas? Você sabia que seus fardos e necessidades podem ser deixados aos pés de Jesus? Que você não precisa mais arcar os ombros com o peso da tristeza e dos cuidados da vida? Oro a Deus para que os milhares que lerão estas palavras saiam do lugar do abandono e do caminho do esforço próprio, percebendo que isso os levou a dúvidas e medos que destroem a confiança em Deus.

Você sabia que a fé vem pelo ouvir e ouvir pela Palavra de Deus? No meu Novo Testamento em grego, está escrito que a fé vem pelo ouvir pela Palavra de Deus. Temos uma audição mais fina que aquela com a qual ouvimos a música nos louvores da igreja. Há outra audição com a qual ouvimos a leitura do grande livro antigo. Não é apenas a entonação de uma voz humana que fala como a Bíblia é lida, pois os homens ouvem esse Livro e ainda não ouvem a voz de Deus. A Bíblia é um livro através do qual Deus fala, no entanto, nem todos ouvem Sua voz nas linhas!

A fé vem pelo ouvir e ouvir pela Palavra de Deus. Deixe Jesus falar com seu coração e as dúvidas voarão como asas da manhã para longe. Deixe Jesus dizer uma pequena palavra para essa mente pobre e o céu será trazido para a Terra e o medo desaparecerá como uma sombra à luz de Sua gloriosa verdade. Deixe-o dizer: "Venha para mim" e, em seguida, obtenha fé de Deus, para que possa ter seus olhos abertos. Deixe Jesus exalar em você o Seu amor e Sua presença, e as montanhas começarão a tremer, e o seus alicerces perderão o controle!

É assim que a fé vem! Não é através dos canais de conceitos humanos. Não é ao longo do caminho do entendimento humano. Não é pela habilidade da mente para compreender, ou pelo poder do intelecto para afirmar, ou como tentar pegar a lua com os dedos, pois em vão lutará e não vencerá. Mas deixe Jesus falar, e a alma será levantada. Uma pequena palavra de Jesus vale mais que todas as palavras dos dicionários das linguagens humanas.

Há esperança para os cegos Bartimeus da estrada de Jericó de hoje, quando Jesus de Nazaré está passando. Eu disse "esperança"? Sim, esperança – e mais do que esperança, pois quando ele ouve o nosso pedido de socorro, Ele não nos despreza... Quando Ele fala, a esperança é acesa até que se torne um fogo que queima toda dúvida e incredulidade, e o calor de uma fé divina e bela traz cura para a alma.

Ó Senhor, fale conosco! Em nossas necessidades levantamos nossos corações e vozes para Ti. Fale conosco, pois é tudo que precisamos. Tentamos com as reservas falíveis da nossa fé e do nosso esforço em acreditar, mas tudo falhou! Salvador, escute meu humilde clamor; enquanto atende aos outros, não me deixe sem a tua benção!

Capítulo 8

FÉ CONCEDIDA

Meu coração é alegre pois sei que meu Senhor é capaz de satisfazer todas as minhas necessidades. Os armazéns da graça estão cheios de transbordantes bênçãos e a quantidade é tão abundante, que chega a ser inconcebível para o nosso intelecto. Lidamos com os limites terrestres e temporais, enquanto Deus lida com o ilimitado e o eterno. A medida da bênção é sempre transbordante. O apóstolo Tiago disse que Deus a todos dá liberalmente, e não há fim para a Sua beneficência, e não se extingue a Sua fonte inesgotável.

Não parece trágico que, com tudo isso, exista pobreza espiritual? Não é uma questão que deve nos fazer orar e buscar Sua face, para que possamos descobrir o elo que falta na corrente da verdade revelada e a reconhecida? Certamente, se Ele tem o suficiente, e o suficiente é apoiado pelas Suas promessas, então, sem dúvida, há algo perdido em algum lugar para que continuemos em nossas dores e necessidades.

Nesta Dispensação da Graça, com uma porta aberta à presença do próprio Deus, podemos chegar a uma conclusão: a fé é a qualidade ou poder pelo qual as coisas desejadas se tornam as coisas possuídas. A fé é o firme fundamento das coisas que se esperam e a prova das coisas que não se veem. Essa é a maior das definições sobre o que é fé, e é mencionada na Palavra de Deus (Hebreus 11.1). Apesar da sua força, é algo de valor intangível. Você não pode pesá-la ou confiná-la em um recipiente. É quase como tentar definir energia, no campo da física, em um pensamento abrangente.

Dizem-nos que há no átomo um mundo dentro de si mesmo, e que a energia potencial contida dentro dele é tão grande que torna a mente do leigo desconcertada. Você consegue definir a grande energia que há dentro de um pequeníssimo átomo? É difícil. A fé também é assim. Houve momentos em que me senti tão livre em minha alma, que até ousei dizer e fazer coisas que, se a razão tivesse falado, eu teria hesitado em agir. Embora fosse, talvez, tão grande quanto uma semente de mostarda, fluía com palavras e agia com poder irresistível, e pessoas ficavam maravilhadas com as poderosas obras do Senhor.

Uma coisa eu sei, é que não posso produzir fé. Nem em mim e nem em você existem os ingredientes e as qualidades que, quando misturados, produzirão a fé bíblica mesmo que do tamanho do grão da semente de mostarda. Se isso é verdade, não somos tolos em tentar obter resultados sem Jesus? Se eu quiser atravessar um lago sabendo que não há como chegar do outro lado, exceto através de barco, eu não seria um tolo em lutar para atravessar sem o barco? O que eu deveria procurar é o barco e não o outro lado do lago! Pegue o barco, e isso irá levá-lo lá.

Há certas coisas que recebemos pela fé e somente pela fé. Não há a menor ambiguidade em relação à Palavra de Deus. Em vez disso, estabelece uma declaração clara da verdade. Agora, onde conseguimos a fé que nos levará pelos nossos lagos? A resposta a esta pergunta é positiva e segura! Entre as capas do livro sagrado há menção da fé como dom de Deus e como fruto do Espírito. Seja um dom ou um fruto, a fonte e a origem da fé são as mesmas! Ela vem de Deus. Não há outra fonte de fé, pois a fé é de Deus!

Suponha que você pudesse obter a fé misturando quaisquer qualidades espirituais ou suponha que a fé seja algo que você já tenha. Agora, todos conhecemos o seu poder! Não seria um poder perigoso? Suponhamos que pudéssemos usar a sua fé para atravessar o lago enquanto Deus nos quer deste lado. Suponhamos que eu ou você tivéssemos fé o suficiente esta manhã para levantar todos os paralíticos entre nós. Se utilizássemos tal poder, será que não estaríamos infringindo a vontade divina e derrubando o plano de Deus?

UM PERIGO ESCONDIDO

Há algum tempo, uma senhora trouxe para mim uma garotinha doente. Ela era uma criança doce, linda como uma pintura, quieta e retraída. Uma doença séria se fixou em seu pequeno corpo. O pai da menina, embora a amasse muito, era rebelde contra o Senhor. Durante anos sua esposa pediu para ele se render a Cristo, mas ele sempre ofereceu alguma desculpa. Por três vezes aquela pequena menina foi trazida para a oração. Se houvesse fé, ela teria sido curada. Mas não havia!

A mãe foi à oração! Mais tarde ela me ligou e disse: *dr. Price, eu sinto que Deus está trabalhando no coração do meu marido. Ele ama nossa pequena menina tanto que eu acho que o Senhor pode alcançar o coração dele através dela. Não seria mara-*

vilhoso se eu pudesse levá-lo à reunião conosco e você orar novamente por nós? Talvez, se pudéssemos levá-lo a orar por ela, não demoraria muito para que ele estivesse orando por si mesmo.

Na próxima vez que chegaram ao local para a oração, ele foi junto. Era cortês, gentil e cuidadoso com sua pequena menina, mas quando eu pedi que ele orasse, ele disse: *não, eu não quero ser hipócrita*. O Espírito Santo me levou a admoestar o homem: *irmão, coloque-se de joelhos e vamos orar ao Senhor juntos. Se você fizer isso, acredito que vai levar uma pequena garota para casa, curada pelo toque da mão do Salvador.* Ele me olhou com espanto e disse: *Você realmente acredita nisso?* Eu disse a ele que sim. Ele finalmente ficou de joelhos! E finalmente extraiu a virtude curativa de Jesus para o corpo da menina. E ela ergueu seus olhos expressivos para Deus em uma oração de ação de graças. Enquanto o pai estava examinando seu coração, o Salvador falou a ele palavras de paz para um coração ainda não regenerado.

Suponha que eu possuísse fé o suficiente e poderia ter usado isso à vontade. Teria trazido tanta glória ao nome do Senhor, sem falar do pecado perdoado para um pai com o coração faminto, como naquele momento em que a fé que foi dada foi somente a necessária?

Muitos anos atrás, enquanto eu estava em uma campanha na cidade de Vancouver, no Canadá, ocorreu um incidente que me manteve acordado a maior parte da madrugada, com o coração quebrantado diante do Senhor.

Eu havia orado por centenas naquela noite. Havia na reunião a consciência muito real da doce e maravilhosa presença do Salvador. Muitos corpos cansados foram renovados pelo toque da mão de Jesus. Eles encontraram a libertação de suas dores e doenças quando se ajoelharam ao pé da cruz.

8. Fé Concedida

Voltei-me para o dr. Gabriel Maguire, pastor da Primeira Igreja Batista, e disse: *O Senhor está transmitindo fé esta noite. O poder do Senhor está presente para curar.* Ele respondeu que nunca mais estaria tão consciente do poder de Deus em toda a sua vida como naquela noite.

Um minuto depois, eu e o dr. Gabriel colocamos as mãos na cabeça de um homem. Um sentimento parecido com um vazio veio sobre mim. Eu me senti tão esvaziado. A presença do Senhor estava comigo, mas eu não tinha confiança nem fé para orar pelo homem, e nada aconteceu com ele! Orei novamente. Então me senti tão insignificante que estava prestes a gritar ao Senhor e perguntar por que Ele parecia ter partido quando a poucos instantes tinha sido tão docemente presente. Em vez disso, eu me virei para o homem e disse: *irmão, por que você está aqui? Quem é Você? Qual é o propósito de sua vinda à plataforma?*

Ele ficou pálido. Então fez uma confissão! Me disse que era um hipnotizador profissional. Afirmou que o poder na reunião era o poder do hipnotismo. Ele havia discutido com outras pessoas sobre isso, e então decidiu ser uma cobaia para um teste. Como ele queria investigar de primeira mão, planejou participar de uma reunião pública e expor todo o movimento de cura divina.

Agora, esse homem tinha uma doença, na verdade! Ele precisava de cura.

Mas supondo que eu tivesse fé para ele ser curado, não teria sido desastroso ter trazido cura para aquele homem? Pois, lembre-se, se a fé é impotente, ela deixa de ser fé. Fé sem resultados é como ação sem movimento. O que às vezes chamamos de fé é simplesmente crença. Confiamos no Senhor, mas a fé tem pés, asas e poder. Um homem não poderia ter fé para a salvação e não ser salvo. Ele poderia confiar no Senhor e prometer que algum dia ele viria a Cristo, mas quando ele tem fé para a salvação, significa que ele é salvo.

E assim foi com o homem cujo caso acabei de contar. A fé que foi dada durante toda a noite, foi retirada enquanto eu orava por alguém, que na providência e vontade de Deus, estava pronto para receber da parte de Deus a bênção que Ele só pode transmitir. Aconteceu que o próximo por quem oramos, uma mulher, foi um dos maiores milagres de toda a campanha.

Nenhum cristão é totalmente desprovido de fé. É implantado no coração como um presente, ou uma fé frutífera suficiente para manter sua salvação, fé suficiente para obedecer ao Senhor, e fazer as coisas agradáveis aos Seus olhos. Mas você está continuamente dependente dEle sempre. Você não pode ter a luz e dispensar o sol. Você não pode ter fé em Deus, a menos que você tenha a fé de Deus. É por isso que a Escritura diz: *Porque pela graça sois salvos, por meio da fé, e isto não vem de vós; é dom de Deus* (Efésios 2.8).

Graça e fé estão tão intimamente relacionadas e você não pode separá-las. A maravilha disso reside no fato de que a fé é muitas vezes transmitida quando nos sentimos menos merecedores. Nem sempre é o produto do mérito. Não é esse dom da fé o belo fruto da graça? Essa fé, que acalma o incansável mar da vida, faz feliz o coração ao saber que o nosso Guia nos conduzirá. É por causa do que fizemos que essa propriedade inestimável vem?

A fé que recebi para tocar a bainha de Sua roupa e ser tirada da minha dor e do meu sofrimento, ouço-me por um momento dizer que a recebi por causa de meus atos ou palavras? Quando eu examino a maravilhosa cruz, eu começo em parte a entender por que a graça sorri pela fé como sempre acontece em todas as missões e ministérios da vida.

QUE MODOS DE HOMEM

Os discípulos e o Mestre estavam nas águas do mar da Galileia. O lago, que era tão calmo, estava furioso pela chegada da tempestade. O mesmo lago, as mesmas águas, e talvez no mesmo dia! Os discípulos assustados ficaram aterrorizados com a fúria da tempestade e dos ventos, assim como eu e você ficaríamos. Como os cenários da vida podem mudar repentinamente! Muitas vezes não demora para que o riso se transforme em lágrimas e o coração feliz seja apertado pela tristeza cruel. O incidente da tempestade e a calmaria não aconteceu apenas para eles, aconteceu porque Deus queria falar também através daquilo para o meu e o seu coração.

Quando finalmente os discípulos despertaram o Cristo que adormecia, Ele fez uma pergunta: *"Onde está a vossa fé?"*

Tinha caído nas profundezas do mar em que navegavam? Teria fugido nos ombros da tempestade? Teria sido dissolvida no spray que lavava o barco? A fé deles estava com eles o tempo todo. O erro foi que, enquanto estavam no meio da tempestade, se esqueceram do fato de Sua presença.

A fé deles estava presente. Lembre-se das palavras de nosso Senhor: *porque sem mim nada podeis fazer.*

Então Jesus avançou até à proa do barco. Ele contemplou a tempestade e lançou Seu comando. As ondas obedeceram. O vento parou em seu curso. Jesus falou, e os discípulos ficaram impressionados com a presença de Seu poder. *"Onde está a vossa fé?"* Vocês não sabem? Vocês não podem ver? Ele estava tão próximo deles como está de nós. Por favor, deixe-me assegurar que o fato da tempestade estar aí não significa que Jesus tenha partido!

Estar passando por uma necessidade não quer dizer que você foi abandonado. Pode ser a porta que leva a um milagre! Pode ser o método de Deus fazer você dizer *"Quem é este, que até aos ventos e à água dá ordens, e eles lhe obedecem?"*

Você pode imaginar Pedro em pé naquele barco, dizendo àquelas ondas bravias que se acalmassem? Eu posso imaginar, se o Mestre do mar tivesse transmitido fé para que isso acontecesse, e se estivesse de acordo com a vontade de Deus. Foi Pedro quem, com confiança, ministrou com sublime bravura espiritual ao homem na porta Formosa. O homem foi curado e seguiu a Pedro e João no templo, gritando louvores a Deus. *"Mas o que tenho, isso te dou"*, disse Pedro, e provou que tinha. Mas, onde ele havia conseguido?

Tão consciente do fato de que era de Deus que Pedro havia recebido tudo, que passou a maior parte de seu sermão, o que seguiu a cura, dizendo o quão fraco ele era e o quão forte era Seu Salvador. Não eram eles, não era seu poder, mas Era o seu Senhor.

Quão diferente essa verdade é de nossas poucas e fracas tentativas de transferir a fé do coração para a mente; para transformar a fé de uma graça transmitida para uma fria crença intelectual; para procurá-la nos corredores profanos da vontade, em vez da luz que flui do céu através das janelas da alma. Há uma grande diferença entre o aleijado que se esforça e tenta andar e o aleijado que ora pela fé pela qual ele vai andar. No meu coração eu sei que essa fé é dada enquanto a alma espera diante de Deus, na atitude tranquila de confiança e descanso em Suas promessas, e não na turbulenta atmosfera de nossos esforços e empreendimentos ruidosos. Espere, digo, no Senhor. Descanse no Senhor! Espere pacientemente por Ele e Ele o fará passar.

Rolam as ondas azuis da Galileia! Explodem e serpenteiam com raiva e a tempestade sopra, rindo da minha impotência e ridicularizando meus esforços, enquanto fico no meio do barco. Mas me mantenho firme, pois sei que minha fé está não está longe. Ele dorme por algum tempo, para me ensinar a confiar Nele. Não, minha fé não está longe. Eu olho para Ele e sorrio, pois sua voz sussurra para este pobre coração, e me diz que se Ele pode descansar no meio da tempestade, então eu posso descansar docemente Nele.

Capítulo 9

A FÉ É UM DOM

A fé é uma das duas coisas: é um dom de Deus ou um fruto do Espírito. Deste modo, não pode haver a menor dúvida. Procure nos corredores da razão e, inevitavelmente, você chegará à mesma resposta. Se é verdade que a fé como grão de mostarda contém a força que move montanhas, você acha que Deus confiaria à nossa posse uma arma tão potente como essa? Colocaria Ele este poder para agirmos de modo diferente da Sua vontade, e não só destruir toda a economia, como também o sistema pelo qual o cristão pode caminhar em harmonia e comunhão com Deus? Ou colocaria nas mãos de pessoas fracas, como eu e você, um instrumento que poderia ser usado para nossa destruição?

Não quero dizer que usaríamos a fé apenas para manifestações físicas, mas que as reações espirituais provariam ser uma maldição em vez de uma benção e impedimentos para o crescimento em vez de ajuda.

Mais de uma vez tentei exercer fé e lutei para obter a resposta que desejava para minha oração; mas descobri, à luz dos eventos subsequentes, que era melhor, de longe, que a oração não fosse respondida como eu desejara.

É por isso que Deus oferece a cada homem a medida da fé que ele precisa para andar em harmonia com a Vontade Divina. Mais do que isso a fé não será dada. Esta lição para mim é tão bonita que desperta em meu coração uma canção de ação de graças e louvor ao Senhor, a quem eu amo e sirvo. Talvez eu não compreenda os propósitos de Deus, mas a confiança é válida quando a fé não é transmitida; e estou feliz na consciência de que Ele está trabalhando na minha vida para o melhor.

Devemos confiar Nele quando não podemos ver, e confiar Nele quando não podemos entender. No entanto, não podemos cometer o erro de chamar essa confiança de fé. A fé trabalha, move, opera e realiza as coisas de acordo com Sua medida e Seu poder. É claro que para cada um é dada a fé pela qual devemos nos chamar de filhos de Deus. E nos é dada ou transmitida a fé pela qual todos sabemos diariamente que passamos da morte para a vida.

A fé é medida na balança de Deus, mesmo enquanto medimos as coisas da Terra. Mais de uma vez nosso abençoado Senhor falou sobre pouca fé e grande fé. Ele mencionou fé fraca e fé forte. Quando precisamos do dom ou do fruto da fé, ela é transmitida pelo Senhor, a fim de que a vontade de Deus, em vez da nossa, seja feita na Terra e em nós, como é no céu. Em muitas vezes os nossos desejos são contrários à vontade de Deus. Muitas vezes em nossa ignorância, faríamos o que traria tristeza em vez de alegria. Se possuíssemos fé para usarmos em todo o tempo para satisfazer nossos próprios desejos, é evidente que os resultados seriam desastrosos.

O mundo cristão olha para a vida de George Müller como um exemplo do passado do poder da fé no coração de um homem que acreditava em Deus. Tal vida era uma magnífica série de respostas milagrosas à oração. Na leitura de alguns de seus feitos, no entanto, você notou o fato de que ele sabia que estava no centro da vontade de Deus? Havia pequeninas bocas com fome para serem alimentadas e pequenos corpos órfãos a serem vestidos, e Müller acreditava que o Senhor, que o chamou para aquele ministério, forneceria todas as coisas necessárias. Então, quando surgia a necessidade, a fé era dada.

Não houve luta, nem agonia, nem batalha contra a dúvida, apenas a manifestação de uma fé transmitida.

O DOM DA FÉ

Ele era um cristão fervoroso e homem de oração. Muitas vezes mostrou a profundidade de seu ministério de intercessão. O motivo, ele diz, de que muitas pessoas não tiveram suas orações respondidas é que elas não aprenderam o valor da persistência e a continuidade na oração. No entanto, sempre que apareceu alguma crise, ele apresentava ao Senhor a sua necessidade de uma maneira mais intensa, e simplesmente contava com a fé. Nos seus escritos, ele mostra que considerava que as coisas aconteciam de forma simples, assim como uma pessoa que liga para uma pizzaria, e pede que seja entregue a sua deliciosa pizza. Assim Muller orava a Deus!

Você pode ter fé assim em si mesmo? Você pode possuir tal habilidade, além do dom e da unção do Espírito de Deus? Para alcançar algo que não possuímos, é necessário esforço no reino espiritual. Muitas vezes a tentativa de usar a fé que não possuímos afastamos a pouca confiança que temos em

Deus. Deixe-me ilustrar o que quero dizer com "transmissão da fé".

O MESTRE SABIA

Alguns anos atrás, eu estava conduzindo uma reunião em uma igreja presbiteriana em Medford, Oregon, nos Estados Unidos. O Senhor nos levou a orar por cura naquela tarde. O lugar estava lotado, muitos estavam de pé e havia pessoas do lado de fora, olhando para dentro através das janelas. Um daqueles que estavam do lado de fora era um pequeno garoto aleijado, que só podia caminhar com auxílio de muletas. Me compadeci muito pelo pequeno amigo, pois havia uma aparência de tristeza sobre seus olhos azuis e fez minha alma se agitar. Silenciosamente, levantei minhas orações ao Senhor, e pedi fé para a cura do menino.

Então, naquele lugar, começamos a orar pelo menino, e a oração foi acompanhada por seus pais. Uma menina estava parada em minha frente. Sua mãe estava chorando. Coloquei minhas mãos em sua cabeça e orei. Nada aconteceu, mas o espírito da reunião pareceu mudar. Havia um peso de morte que pairava sobre mim. Orei novamente e o sentimento parecia aumentar. Olhei para a mãe chorando com perplexidade. Ela estava soluçando. Por fim, ela gritou, quase histérica: "por que Jesus não cura minha garota?"

"Onde você congrega?" Eu perguntei. "Eu vou à Igreja Metodista", foi sua resposta.

Eu olhei para ela de perto. Então, em meu coração, surgiu uma suspeita. Naquele momento, o Senhor deu o dom de discernimento a uma das pessoas ao meu lado e ela fez uma pergunta àquela mãe: "você já esteve no misticismo ou no ocultismo?"

Ela confessou. Elas não estavam indo à Igreja Metodista. Ela mesma não aparecia lá por meses, mas estava frequentando sessões espírita semana após semana. Então eu sabia por que meu Senhor havia retido Suas bênçãos e Sua fé. A mãe continuou a chorar em sua agonia de alma, enquanto o Senhor curava outros: "por favor, peça-lhe que cure a minha pequena menina."

Eu disse: "irmã, você sabe alguma coisa sobre a salvação através do sangue derramado de Jesus no Calvário?"

Ela disse que, quando a tristeza entrou em sua vida, ao invés de dar as mãos para Deus para que Ele a segurasse, ela se afastou Dele. Em resposta ao meu apelo, ela disse que gostaria de dar seu coração a Cristo naquela hora, e me pediu para orar por ela, e em seguida repetiu uma oração de rendição comigo, que fechei com as palavras "confio em Jesus como meu Salvador pessoal, e eu reivindico a promessa do sangue como expiação por todo meu pecado".

Nos nossos corações veio uma onda de glória do céu. Quando estendi a mão novamente para a menina, eu sabia que seus dias como uma paralítica haviam acabado. Ela se levantou. Ela foi curada! Então olhei para o pobre pequeno garoto aleijado e estendi a mão para que ele tentasse subir pela janela e chegar à plataforma para a oração, mas ele não segurou minha mão. Em vez disso, deixando as muletas do lado de fora, subiu e atravessou sozinho a janela. Ele também foi curado!

O Espírito Santo derramou tal bênção naquela reunião, que raramente vi coisa igual. Não só as pessoas receberam cura, mas muitas foram salvas. Abaixo no corredor veio uma velha senhora querida que havia estado em uma cadeira de rodas por anos. Ela estava pulando, gritando e louvando a Deus, como aconteceu nos dias em que o Salvador andava pelas ruas em Israel. Que reunião! Que hora de fazer os homens adorarem a Ele.

Agora, suponho que eu tivesse fé para curar aquela garotinha. Suponha que, quando eu coloquei as mãos em sua cabeça ela tenha saído curada. Sua mãe teria tomado isso como um sinal de que a reunião estava nos planos do Senhor e, a partir daquele momento ela teria sido mais profundamente enrolada no espiritismo (que eu creio não ser de Deus). Então, quando orei em minha falta de compreensão, o espírito de fé e de segurança foi tirado de mim. Que vazio eu fiquei. Mas quando a mãe aceitou Jesus como seu Salvador pessoal, a fé foi transmitida e a cura aconteceu. Em vez de se esforçar para curar, quanto será mais doce e rica a vida, se olharmos exclusivamente para Jesus, que é o Autor e o Consumador da nossa fé.

UMA MANHÃ FELIZ

Em uma manhã de março, alguns anos atrás, saí de casa sentindo o amor e a presença do Nazareno no meu coração. Eu estava a caminho de orar por uma pobre mulher que estava com problemas mentais e que estava confinada em uma instituição que cuida deste tipo de doentes. Lembro--me dos soluços de seu marido, enquanto chorava em desespero pela condição de sua amada esposa. A desgraça chegou de repente, sem qualquer aviso, e atingiu uma bela casa com a rapidez de um relâmpago. Deus era sua única esperança, e eles sabiam disso. Eu estava ansioso para orar por aquela mulher e tinha ficado confiante de que o Senhor iria ouvir e responder à oração. Ela estava em uma situação que a deixava sem defesa e ainda, nas garras de um espírito maligno!

Quando finalmente cheguei ao quarto dela, ela gritou com blasfêmias e obscenidades com uma voz que não era dela.

Naquela manhã não vimos nenhuma resposta visível às nossas orações, mas o pobre homem me agarrou pelo colarinho do casaco e com raiva insistiu para não desistirmos e também para continuarmos clamando ao Trono da Graça pela cura que somente Jesus poderia dar. Assim, liguei para as pessoas da minha igreja e insisti que orassem, e também para chamar irmãos de outras igrejas à oração. Concordamos em orar por um dia inteiro pela libertação da pobre sofredora, e algumas pessoas em oração resolveram ficar de joelhos até que a mulher fosse liberta.

Aproximadamente quatro da tarde, enquanto eu orava perto do altar da igreja, senti o Espírito do Senhor vir sobre mim. Sob o impulso da unção, fiquei de pé, e tremendo de emoção pela glória de Sua presença, anunciei aquilo que nossas orações haviam alcançado, e que a resposta que desejávamos estava a caminho. Peguei o telefone e disse ao marido da mulher que críamos que havíamos recebido a vitória. E tínhamos! No dia seguinte, depois de um breve momento de oração e unção, ela apareceu em vitória e triunfo, e voltou para casa com sua família, que estava com o coração grato. Eu percebi o exato momento em que o espírito maligno deixou o corpo daquela mulher e parou de controlar aquela pobre alma.

Eu sabia que a fé do Senhor Jesus Cristo havia sido liberada no momento da vitória. Eu não poderia liberar a fé. Se eu pudesse, na minha limitada compreensão do propósito de Deus, ela teria sido curada na primeira vez em que orei. Mas não aconteceu até que o Senhor, em Sua Onisciência, lançou em mim a fé que ele mesmo transmitiu no amor e na graça, e o milagre da cura ocorreu. Nossa posse da fé, como um grão de semente de mostarda, é sempre sujeita não apenas à Sua liberação, mas também ao Seu controle.

Uma mulher me disse numa ocasião: "ore por mim, por favor. Eu tenho toda a fé do mundo". Mas eu sabia o que ela queria dizer. Ouvimos essa expressão muitas vezes. Minha resposta foi: "irmã, se você tem tanta fé, por que você está doente?"

Ela me olhou estranhamente e depois de alguns momentos refletindo, foi embora para orar pela sua fé.

Neste momento em que escrevo fico de pé em espírito, enquanto penso em como tenho vivido. Olho para trás, pelo caminho que meu Salvador me conduziu. Posso ver as campanhas no Canadá e nos Estados Unidos, nas quais pela graça de Deus tive o privilégio de orar por dez mil pessoas em um único mês. Não se pode fazer isso sem ter algumas experiências marcadas de forma que não se pode apagar da mente. Em uma reunião a atmosfera parecia estar tensa e difícil. A oração parecia ser em vão, e nossos esforços para trazer a vitória se encontravam no fracasso aparente. Então uma onda de glória com o ímpeto do poder do Espírito Santo levou os irmãos aos portais do céu.

Lá eu sentia o beijo das brisas do céu no meu rosto, e via o público tão elevado em espírito que as pessoas cantavam em verdade. Isto é como o céu é para mim. Tais reuniões apenas enfatizavam a grande verdade de que o homem está indefeso diante dos poderes celestiais e que deve haver uma manifestação e evidência da presença e do poder do próprio Senhor.

Sem mim, disse o Salvador, *nada podeis fazer*. Respondemos tolamente: às vezes. *Oh, sim, eu posso, porque tenho fé. Eu posso usá-la, exercitá-la e levar as coisas a acontecer, porque a Palavra diz que, se tivermos fé, podemos mover montanhas.* Para tal, eu diria: *vá em frente, experimente e veja qual é o resultado.*

Tudo é possível ao que crê. Mas é importante saber em que você acredita. Se você acredita, que além da graça, é possuidor de um poder que pode mover as montanhas, saiba que isso é perigoso. Conheço muitos que tentaram realizar coisas em suas próprias forças, e possivelmente, com base em sua própria justiça, mas a tristeza tem sido muito grande para eles.

A FILHA DO SACERDOTE

Quando você acredita em Jesus – bem, isto é diferente! Quando você acredita em Sua presença, em Sua promessa, no Seu poder, na Sua graça e na Sua força, então você marcha na estrada da vitória em direção às montanhas da vitória e das orações respondidas. À medida que você diminui, Ele deve aumentar. Quanto menos de si mesmo, mais Dele. Quanto mais há crucificação de sua vida com seu espírito de orgulho, mais os raios de ressurreição de vida de Cristo transmitirão poder e saúde à sua alma e corpo.

Há uma reunião que nunca vou esquecer. Foi realizada na arena de Winnipeg, Canadá, há alguns anos. Um dos auxiliares na campanha era nosso querido amigo, o arquidiácono Fair, da Igreja Anglicana. Ele trouxe um dos seus sacerdotes ao nosso encontro, um clérigo piedoso, chamado Hobbs. Este querido irmão tinha uma filha que havia sido mandada para casa, de um famoso hospital americano, para morrer. Não havia nada que algum homem pudesse fazer.

Então os dois respeitáveis cavalheiros trouxeram aquela moça para a reunião quando estava com uma dor tão forte, que estava sob o efeito de opiáceos. Ela teve que estar medicada para conseguir estar lá, pois o sofrimento e a dor eram insuportáveis. Amortecida por causa dos remédios sentou-se em uma cadeira grande, cercada por travesseiros. A local foi preenchido, não só com as pessoas, mas com a presença do Senhor.

No final da reunião senti algo incomum, mas familiar, em meu coração. Eu estava literalmente derretido na presença divina do Salvador. Me virei para um ministro sentado próximo de mim e disse: *o Senhor está neste lugar e acho que Ele vai fazer um milagre nesta noite que agitará o encontro, com a manifestação de Seu poder*. Assim que eu disse aquelas palavras, senti que a fé estava sendo dada para aquela mulher doente.

Não demorei. Caminhando ao lado do arquidiácono Fair, pedi que ele orasse comigo pela filha de Hobbs. Ele agarrou minha mão e disse: *meu irmão, posso sentir a presença de Jesus nesta reunião de uma maneira que nunca senti antes em minha vida. Sinto que Ele vai operar esse milagre hoje à noite.* Ele fez! Sobre o corpo pobre, cansado e doente da menina, a mão Divina foi posta. Ela descansou nos braços eternos. Pudemos ver o rubor da saúde voltar às suas bochechas. Ela não morreu. Ela viveu, e viveu como um testemunho real do poder de nosso maravilhoso Senhor.

Um ano depois, quando visitei aquele local mais uma vez, fiquei no mesmo lugar onde o Senhor me visitou naquela noite. Enquanto eu estava ali, lembrei-me do que eu fazia e do que aconteceu no momento em que Ele me transmitiu a fé que no meu pobre coração não havia. É por isso que digo que a fé é um dom de Deus. Você não possui para usar à vontade, mas para o propósito para o qual Ele o dá e permite que você o mantenha.

Deixe-me repetir. Ele nos dá a fé necessária para todas as coisas que estão de acordo com Sua vontade abençoada. Essa fé é dada pela primeira vez e depois cresce como um fruto do Espírito. Mas para a fé que move montanhas e que tira a doença e varre todas as barreiras pelo poder milagroso, eu ainda sustento que tal fé só é possível quando é transmitida e que somente nos é dada quando é da vontade do Salvador.

Então, confie em Jesus, porque o seu socorro vem Dele. Deite-se no peito do Mestre, pois somente quando você entrar em contato com Ele poderá beber da doçura de Sua presença. E não deixe o diabo enganá-lo em acreditar no poder de suas próprias conquistas espirituais, sem o Homem do Calvário você não pode fazer nada.

Confie Nele quando a fé for retida e louve-o quando a fé for dada. Lembre-se de que Ele faz todas as coisas bem. Você e eu nos enganaríamos e erraríamos o caminho ao longo do percurso, se não fosse pela Sua presença que nos guia, bem como pela Sua provisão generosa para todas as nossas necessidades. O que parece bom para você hoje, poderia ser suas vestes de tristeza no seu amanhã. Quão melhor é deixá-Lo mostrar o Seu caminho a você, do que tentar sempre ter o seu caminho.

Essa é a minha mensagem. É Jesus! Somente Jesus. O Cristo do Calvário que dá toda a boa dádiva e todo o dom perfeito, e também é o Autor e Consumador da nossa fé. Regozije-se com o amor que não vai deixar você sozinho! Seja feliz na presença do Amigo que o conhece melhor do que você mesmo. Então, algum dia você se encherá de alegria e O louvará.

Capítulo 10

A FÉ É UM FRUTO

A vida cristã é uma ótima aventura. Nunca chegamos ao fim dessa experiência. Independentemente da altura do pico da montanha que escalamos hoje, sempre há um outro a ser escalado um pouco mais à frente. O futuro é maior do que o passado, pois existem Campos Elísios e prados de glória que nunca foram explorados. É essa grande verdade que apresenta um desafio para o seguidor do Senhor Jesus. Sob a liderança daquele que nunca coage, temos o privilégio de escalar, em espírito, lugares muito próximos aos portões de um mundo que os olhos humanos não podem ver, e são mantidos pela paz de Deus que excede todo o entendimento, através de Cristo Jesus. Aí, então, começamos a compreender o incompreensível, e observar os mistérios que estão ocultos para tantas pessoas.

De uma coisa, entre muitas, a Bíblia fala com voz incerta. Ela afirma claramente que as coisas espirituais são discernidas apenas com a mente do Espírito. A mente finita do homem é incapaz de compreender, não apenas o infinito, mas também as coisas que pertencem ao infinito. A razão para isso é que eles são dois reinos distintos e diferentes. Não existe um portão que conduza de um para o outro, além do próprio Senhor. E não existe um método pelo qual o homem tenha sido capaz de entender ou se aproximar de Deus, exceto pelo nosso Salvador.

Ele disse de si mesmo: *"Eu sou a porta; se alguém entrar por mim, será salvo. Entrará e sairá, e achará pasto"*. Se fosse possível que o homem entrasse no reino espiritual através dos portões da mente e pelo caminho do intelecto, logo estaria construindo uma Torre de Babel que alcançaria os céus. E a próxima coisa você já conhece, ele tentaria destronar o próprio Deus. Na verdade, é exatamente isso que ele tentou fazer. Quase todas as nossas filosofias modernas, que estão oferecendo substitutos para a antiga fé, estão tentando humanizar a Deus e deificar o homem. Frustrados em sua tentativa de entender o infinito com suas mentes finitas, eles procuraram materializar todas as coisas que se relacionam com o Espírito e estão ligadas ao poder de Deus.

Por que isso? Por causa do entendimento limitado e finito do homem, ele tentou transformar a salvação pela graça, pela fé, em uma salvação pela conduta. Ele procurou enfatizar mais no que ele faz do que no que ele é. Na sua visão, portanto, o caráter tornou-se a cruz sobre a qual o *eu* é crucificado e os instintos mais básicos estão condenados a se contorcer, mas nunca morrem. Como resultado, a Cruz em que o Salvador morreu tornou-se desnecessária e obsoleta.

Tudo isso é de grande importância à luz do que eu vou dizer agora. Por que o homem natural fez da fé um produto de uma mente finita, quando todos os outros frutos do Espírito são atribuídos a Deus? Para muitos cristãos, a fé ainda é sua própria capacidade de acreditar em uma promessa ou uma verdade, e muitas vezes é baseada em suas lutas para afastar a dúvida e a incredulidade através de um processo de afirmações contínuas.

Um dia ouvi um ministro ilustrando o que é fé. Ele nos disse que é um fator necessário no desenvolvimento de cada fase de nossas vidas. Nesse sentido, concordei em certa medida, pelo menos. Ele disse que quando entramos em um bonde, exercitamos fé. Temos fé no carro, fé no motorista e fé no poder que impulsionará o veículo ao longo de seu caminho.

Ele entrou em uma multidão de departamentos relacionados com a nossa vida diária, e usou muitas ilustrações cotidianas em apoio ao que disse que eram manifestações de nossa fé. E concluiu com esta pergunta: se temos fé no motorista, não devemos ter fé em Deus?

A fé de que ele falou não era fé do Novo Testamento. Nem estava relacionada a isso. Dizer que a fé que move montanhas, da qual Jesus falou, é um irmão adulto da fé em um motorista, é ridículo para mim. Não importa o quanto você nutra e cultue o espírito que o mundo interpreta como fé, isso nunca será a fé que foi introduzida por Jesus nos dias em que Ele andou na Terra.

Por acaso não dizemos "eu vou acreditar que está feito, e se acredito que está feito, então será feito?" Nós não olhamos para uma promessa e então lutamos e nos esforçamos com todas as forças mentais para provocar o resultado pela nossa própria capacidade? Algum tempo atrás, um homem pobre e iludido, que indubitavelmente amava a seu Senhor, colocou a mão em uma cesta de cobras para provar sua fé em Deus. Durante semanas ele ficou mal, persistindo entre a vida e a morte. Passou pelo incidente lamentável que conseguiu com que muitos tivessem destruída a confiança em Deus e na verdadeira experiência cristã em uma caminhada bíblica. Ele sem dúvida acreditava em Deus, mas o que ele chamou de fé não passava de uma presunção pecaminosa.

Um dia tive uma longa conversa com um dos secretários de Pandita Ramabai[2], que era uma líder espiritual amada na Índia. Ela me contou a história de como cobras entraram em um internato de meninas na Índia, seguido de uma visita maravilhosa e gloriosa do Espírito Santo às garotas do lar-escola. Foi durante à noite que essas cobras apareceram e picaram muitas das meninas, no complexo. Sem dúvida, por um momento ou dois, houve um grande medo, mas tão maravilhosamente o Espírito do Senhor conferiu fé para a situação, que em vez de gemidos e gritos de angústia, houve um grande grito de vitória e louvor. Nenhuma garota morreu das picadas letais! Todas foram curadas. O poder do Senhor as livrou! Foi a fé recebida de Deus que operou o milagre.

Há confiança na fé, mas a fé é mais do que a confiança! Há uma rocha na montanha, mas a montanha é mais que a rocha. Se a rocha afirmar que é a montanha, então eu diria isso à rocha: você está presumindo demais. A verdade que deve ser enfatizada é a seguinte: os ingredientes da própria fabricação mental não podem ser misturados em cadinhos espirituais e produzir fé. Um pouco mais de confiança, uma pitada extra de convicção misturada com uma crença um pouco mais forte e algumas outras coisas não produzirão a fé que move montanhas. Você está mais próximo da manifestação desta graça transmitida quando percebe sua própria fraqueza e toda a dependência do Senhor!

---

2   Pandita Ramabai viveu entre 23 de abril de 1858 a 5 de abril de 1922.

O AMOR DE DEUS

Gálatas 5.22 afirma que a fé é um fruto do Espírito. Não é hora de começarmos a acreditar? Olhe para a fruta graciosa que cresce na árvore do coração e na vida dos lavados no sangue. Primeiro, há amor. De quem é o amor com o qual amamos? É o nosso próprio amor que se tornou mais limpo e mais doce devido a algo que aconteceu em nossos corações? Não, dez mil vezes não! É o amor de Deus derramado no coração pelo Espírito Santo. É o amor maravilhoso de Deus que enche as salas do coração, e apenas a posse desse Amor Divino torna possível que amemos nossos inimigos.

Quando Estêvão foi apedrejado por homens iníquos e cruéis, o que o fez dizer *"Senhor, não lhes imputes este pecado"*, não foi dito para causar efeito! Nem foi uma exposição assumida de heroísmo em um momento difícil. Foi o amor de Deus derramado no coração de Estêvão pelo Espírito Santo, o que lhe permitiu abençoar aqueles que o amaldiçoaram com um amor genuíno aos seus assassinos! O mundo pode dizer que é ridículo que um homem aja desse jeito. E ridículo é para um coração não regenerado, mas não para o cristão, não para os redimidos, que pela graça se tornaram participantes da Natureza Divina.

Era um amor verdadeiro, o amor de Deus explodiu no coração de Estêvão, que fluía como um rio da Fonte da Graça. Não foi parecido com o que o nosso Salvador falou, nos sofrimentos do Calvário: *"Pai, perdoa-lhes, porque não sabem o que fazem?"* Foi o amor que fez Jesus dizer isto. Amor de Deus! Foi o amor do céu em Jesus, que veio à Terra em uma pequena visita.

Não foi por acaso que Estevão e Jesus disseram praticamente o mesmo. Estevão não estava tentando imitar seu Mestre, também Jesus não se mostrou como um exemplo para os homens se esforçarem para imitar. O fato é que ambos disseram o mesmo porque ambos tiveram o mesmo amor. Foi o amor de Deus em ambos os corações. Jesus teve isso porque Ele era Deus, Estevão porque tinha Deus em seu coração.

O amor humano pode ser melhorado. Pode ser melhorado ao aumentar a qualidade e a quantidade, mas se o homem vivesse um milhão de anos, ele nunca poderia ser bom o suficiente para igualar o amor de Deus. Como conseguimos o amor de Deus? Deus o dá, e o Espírito o transmite. Não só isso é verdade para o Amor de Deus, mas também é verdade para a Fé de Deus.

ALEGRIA QUE VEM DAS MONTANHAS

Então, temos alegria! A alegria é o segundo fruto do Espírito mencionado por Paulo em sua carta aos Gálatas. Não é o segundo em importância, mas é o segundo na lista das graças que o Espírito cultiva e permite crescer no coração do filho de Deus. Que alegria é essa? Depende do ambiente e da circunstância para sua manifestação?

Alguns anos atrás, eu era um dos oradores em uma reunião durante um retiro numa cidade onde havia muita gente pobre. Durante a noite, pouco antes do horário da reunião, eu saí com meu carro pela estrada, a fim de fugir das pessoas, para ter a oportunidade de meditar um pouco antes de subir ao púlpito para pregar. Em um carro não se leva muito tempo para cobrir grandes distâncias, e logo eu estava a uns oito quilômetros do acampamento. Ao passar por um local arborizado, vi um homem e uma mulher com quatro filhos saindo da floresta e começando a andar pela estrada. Estavam todos descalços e carregavam seus sapatos nas mãos, isto é, aqueles que tiveram a sorte de possuir sapatos. Somente o filho mais velho dos quatro filhos tinha sapatos!

Parei meu carro e os cumprimentei. Sorridentes, mas com uma evidente vergonha, aceitaram minha oferta de carona. Estavam a caminho da reunião no acampamento. Nos portões da localidade, sentaram-se na grama e colocaram os sapatos. Em apenas alguns minutos, haviam viajado uns cinco quilômetros comigo, o que levaria mais de uma hora se fossem andando. Na noite seguinte, passei de novo e dei uma carona. Aconteceu que eu fiquei naquela região várias noites e pedi-lhes para acompanharem as reuniões.

No caminho, depois da vergonha superada, eles testemunhavam e cantavam! Sua alegria era tão abundante, que era como um fortificante para minha alma. Isso me ajudou a pregar melhor! Eles carregavam seus sapatos para evitar que o couro se desgastasse no piso duro da estrada. Eram extremamente pobres e viviam em meio às montanhas, mas eram mais ricos do que muitos que viviam em grandes casas e que tinham mais do que suficientes posses desse mundo fugaz.

Uma noite, no final do acampamento, eu disse ao pai daquela família: *"Talvez, meu irmão, chegará o dia em que o Senhor lhes dará uma casa maior e melhor. Você sabe que Ele muitas vezes nos prospera materialmente e espiritualmente. A Bíblia diz isso..."* O irmão me interrompeu e um sorriso de felicidade encontrou seu rosto e ele começou a cantar:

"Uma barraca ou uma casa de campo, por que eu deveria me importar?

Eles estão construindo um palácio para mim lá;
Embora exilado de casa, ainda assim eu posso cantar,
Toda glória a Deus, sou filho do Rei."

As pessoas o ajudaram a cantar, e sua boa esposa também cantou. Quando eles terminaram, ele arranhou seus cabelos emaranhados em sua velha cabeça e disse: *"irmão Price, você não precisa me dizer que eu tenho que ter uma casa grande para ser feliz. Se o Senhor me der, então vou agradecê-lo, mas tenho algo no meu coração que não venderia por todo o dinheiro do mundo. É a alegria do Espírito Santo."*

Isso é o que eu quero dizer. Você não pode se levantar pela manhã e dizer: *"Este é o dia em que estarei cheio de alegria. Hoje vou ter muita alegria, pois me preparei para ter alegria."* Ou você tem, ou você não tem. O homem mundano pode ter sua alegria passageira, que é somente um passatempo e escrava das circunstâncias. Mas o cristão pode viver a alegria no Espírito Santo e se regozijar em sua manifestação sob todas as condições da vida. Não depende das circunstâncias, nem é escravo das situações. É dom de Deus!

PAZ, PERFEITA PAZ

Então, há paz. Existe uma doçura que Deus implanta no coração daqueles que o amam! Que dia maravilhoso foi para os discípulos quando Jesus disse: *"Deixo-vos a paz, minha paz vos dou; não a dou como o mundo a dá. Não se turbe vosso coração, nem se atemorize."* Não era para ser a paz que o mundo conhece, pois essa paz é falsa, fraca e frágil, e pode ser amarrada em uma tempestade a qualquer momento pelo sopro dos ventos dos problemas.

A paz que Ele dá vai além de toda a compreensão humana. É tão profunda que nenhum problema na superfície pode afetá-la. É tão divina que nenhuma mão humana pode alcançá-la para retirá-la. Paz que é estabelecida na alma! É a paz que Jesus teve quando, em sua dignidade real, Ele se calou diante da multidão que gritava nos salões de Pilatos.

Permita-me perguntar: você pode criar essa paz? Você pode produzi-la através de uma mudança da atitude mental, ou uma mudança nas perspectivas? Você pode desenvolver a paz que somente Ele pode dar? Você e eu conhecemos a resposta! Jogue-se nos braços do amor e reconheça: paz, paz perfeita, embora existam dores. No peito de Jesus a paz é encontrada. É a Sua paz, transmitida pelo Espírito. Tudo o que temos a fazer é recebê-lo. Essa é a beleza da vida centrada em Cristo, uma vida que se esconde com Cristo em Deus.

Então é com fé. Ele não dá como um brinquedo para ser operado para nossa própria destruição e em coisas contrárias à Sua vontade. Ele conhece minha necessidade. Ele conhece também a sua. E Ele deu Sua promessa de que não há coisa boa que Ele reterá daqueles que caminham retamente. Então, devemos descansar nessa promessa. E permanecer Nele, assim como Ele permanece em nós.

Saber que Ele está presente e que se importa, é o suficiente para que eu tenha a alegria que se torna eterna no conhecimento de que *"todas as coisas contribuem conjuntamente para o bem daqueles que amam a Deus, daqueles que são chamados por seu decreto"*. Então devemos saber que tudo deve ser transformado da autossuficiência para a Cristo-suficiência, *"lançando sobre ele toda a vossa ansiedade, porque ele tem cuidado de vós"*.

Na manifestação de Sua vontade em sua vida, deixe-me assegurar que, quando a fé for necessária, ela não será retida, pois o Doador de toda boa dádiva e todo dom perfeito é o Autor e Consumador da nossa fé.